This Book Belongs To:
_____

©2021 Monarque Crown Publishing
~ All Rights Reserved ~

Happiness Habit Building Checklist

There are masses of books, podcasts, blog posts and other content about building habits to increase happiness. All this content is great and can be very useful. However where it isn't useful is when it overwhelms or when the suggestions don't fit into peoples lives.

When it comes to building healthy habits or trying to create a happier life, there is little point in forcing things. Personal development and happiness are specific and unique to you. Anything you are trying to change and or habit you're trying to build needs to work for you. It is vital to consider your values, lifestyle and personality. If you don't, the changes won't happen, and the habits won't stick.

The following is a checklist of things you ought to take time to consider when trying to build any habit.

Think about the habit you want to build while answering the questions and pondering on the statements below. Some may sound very similar, but thinking about things in different ways can help narrow things down for you.

- [ ] I feel positive about this habit

- [ ] I feel like this habit aligns with my personal values.

- [ ] Can you visualize yourself sticking to this habit in the future?

- [ ] Will building this habit bring me joy or happiness?_____

- [ ] Does this habit make me feel energized? _____Yes_____No

- [ ] Does this habit make me feel calm? _____Yes_____No

- [ ] By making this a habit I will be able to_____

- [ ] Do I actually want to build this habit? _____Yes_____No

- [ ] I want to commit to this habit _____ times a week/month

- [ ] This habit fits perfectly into my lifestyle

- [ ] Building this habit will make a difference to me because
  _____

- [ ] I want to spend ____ minutes on this habit each time.

- [ ] Do I want to create this habit because I feel like I should?

- [ ] I can break this habit down into smaller chunks so it is easier to build. The "chunks" are:

  - [ ] _____
  - [ ] _____
  - [ ] _____
  - [ ] _____

WHAT I WANT TO *Manifest* IN MY LIFE

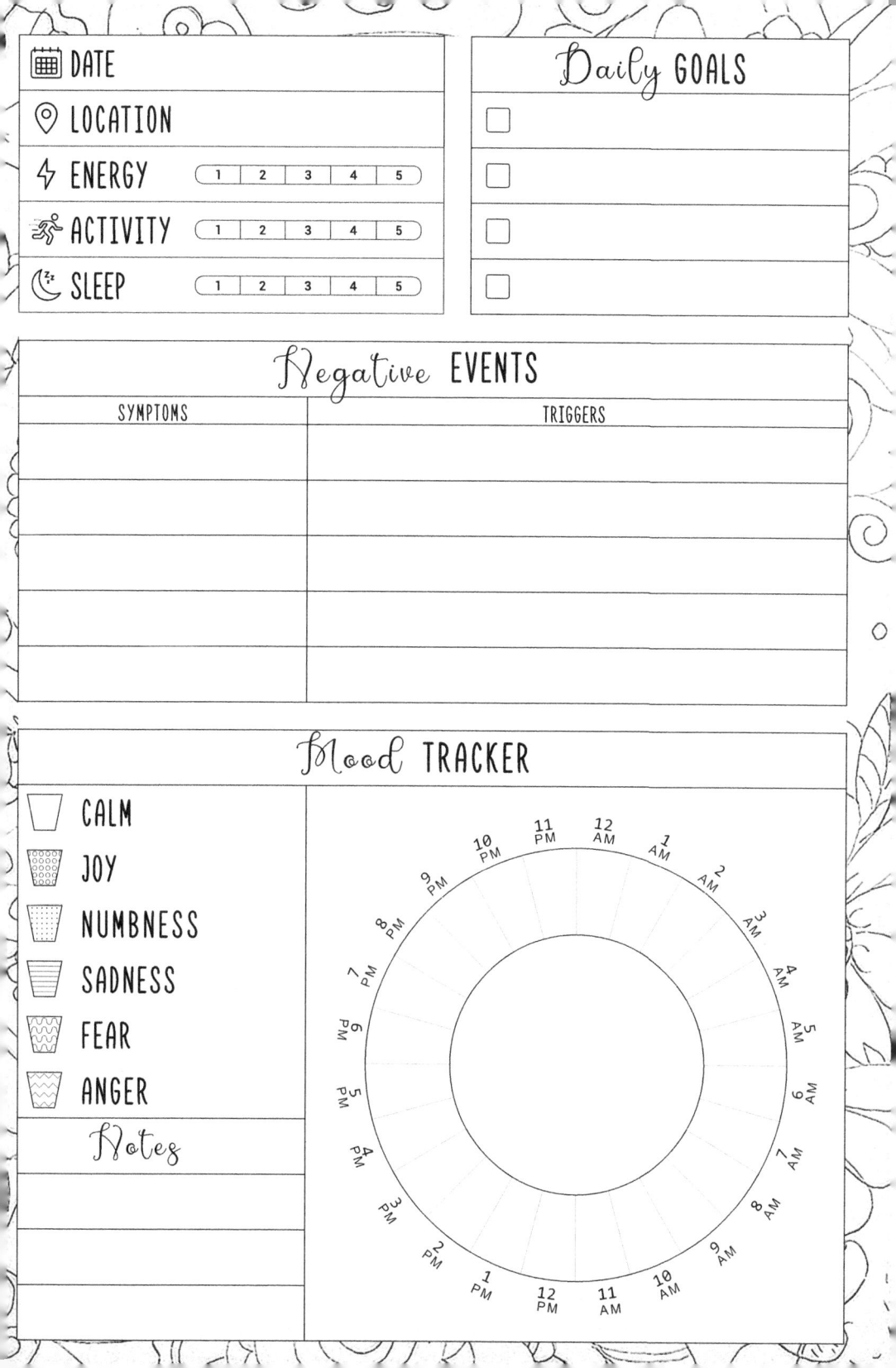

DATE
LOCATION
ENERGY | 1 | 2 | 3 | 4 | 5 |
ACTIVITY | 1 | 2 | 3 | 4 | 5 |
SLEEP | 1 | 2 | 3 | 4 | 5 |

Daily GOALS
- [ ]
- [ ]
- [ ]
- [ ]

Negative EVENTS

SYMPTOMS	TRIGGERS

Mood TRACKER

- CALM
- JOY
- NUMBNESS
- SADNESS
- FEAR
- ANGER

Notes

(Clock dial: 12 AM, 1 AM, 2 AM, 3 AM, 4 AM, 5 AM, 6 AM, 7 AM, 8 AM, 9 AM, 10 AM, 11 AM, 12 PM, 1 PM, 2 PM, 3 PM, 4 PM, 5 PM, 6 PM, 7 PM, 8 PM, 9 PM, 10 PM, 11 PM)

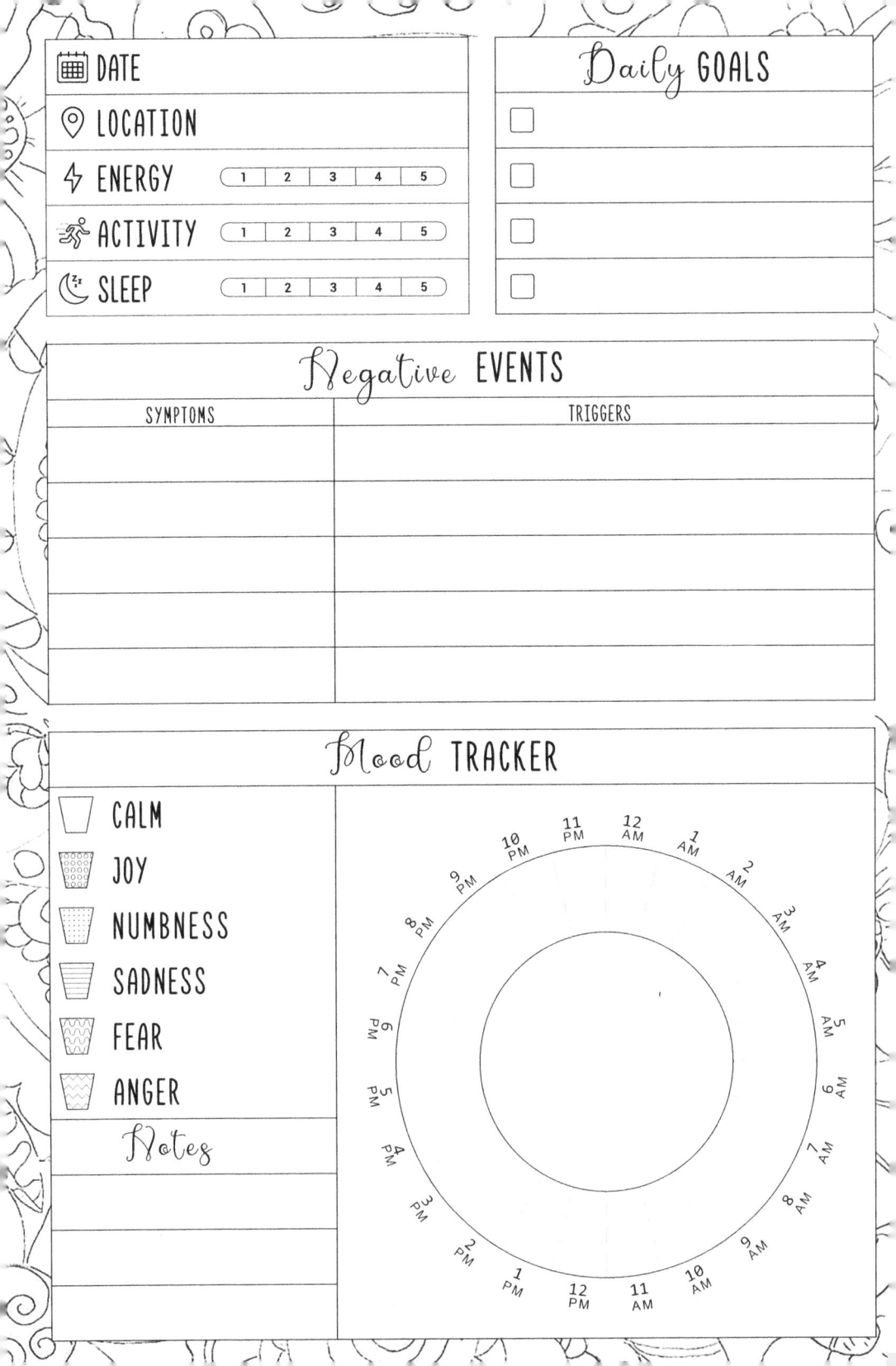

DATE
LOCATION
ENERGY | 1 | 2 | 3 | 4 | 5 |
ACTIVITY | 1 | 2 | 3 | 4 | 5 |
SLEEP | 1 | 2 | 3 | 4 | 5 |

Daily GOALS
- [ ]
- [ ]
- [ ]
- [ ]

Negative EVENTS

SYMPTOMS	TRIGGERS

Mood TRACKER

- CALM
- JOY
- NUMBNESS
- SADNESS
- FEAR
- ANGER

Notes

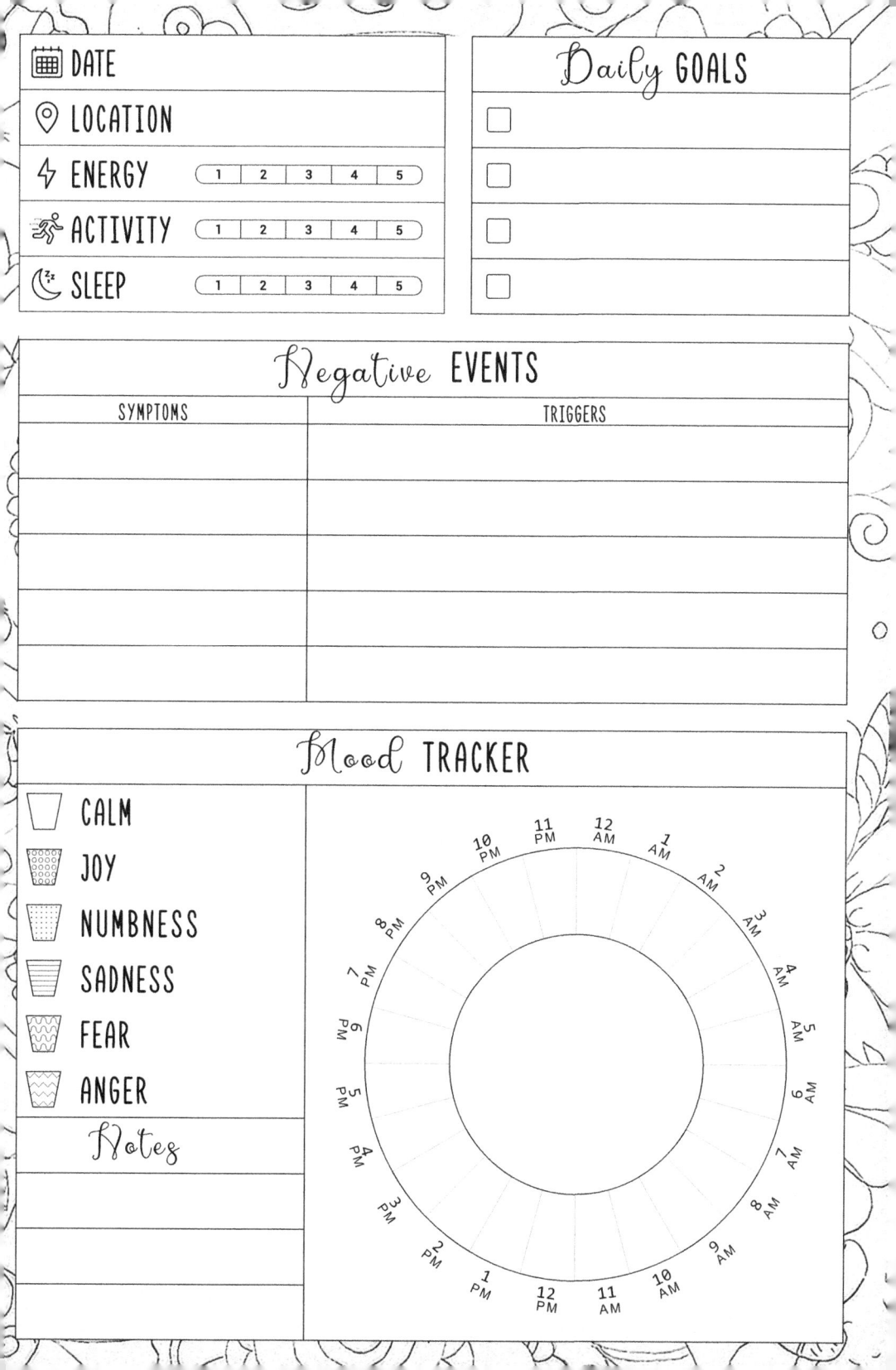

- 📅 DATE
- 📍 LOCATION
- ⚡ ENERGY | 1 | 2 | 3 | 4 | 5 |
- 🏃 ACTIVITY | 1 | 2 | 3 | 4 | 5 |
- 🌙 SLEEP | 1 | 2 | 3 | 4 | 5 |

Daily GOALS

- ☐
- ☐
- ☐
- ☐

Negative EVENTS

SYMPTOMS	TRIGGERS

Mood TRACKER

- 🪣 CALM
- 🪣 JOY
- 🪣 NUMBNESS
- 🪣 SADNESS
- 🪣 FEAR
- 🪣 ANGER

Notes

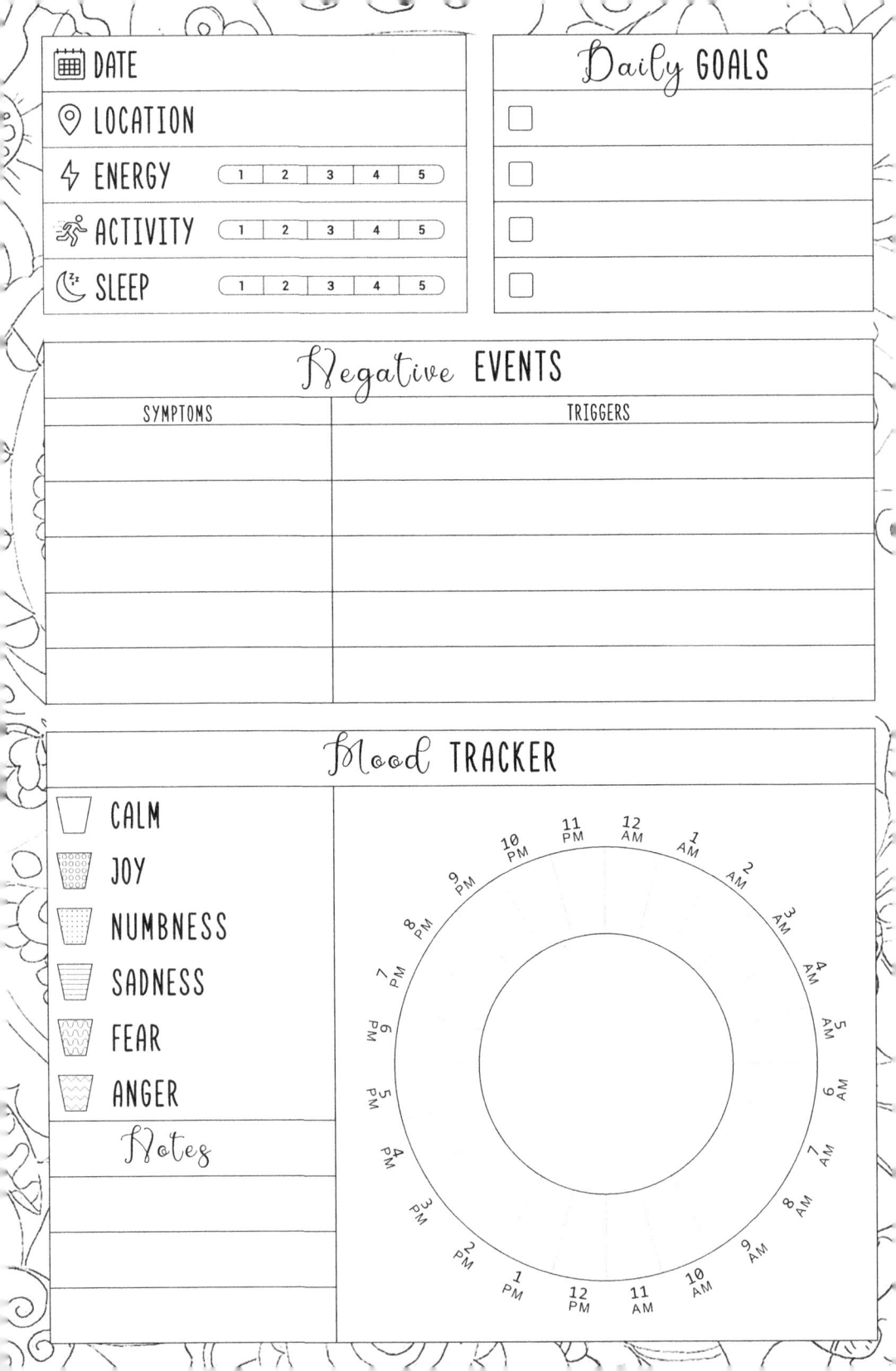

📅 DATE	**Daily GOALS**
📍 LOCATION	☐
⚡ ENERGY 1 2 3 4 5	☐
🏃 ACTIVITY 1 2 3 4 5	☐
🌙 SLEEP 1 2 3 4 5	☐

Negative EVENTS

SYMPTOMS	TRIGGERS

Mood TRACKER

- CALM
- JOY
- NUMBNESS
- SADNESS
- FEAR
- ANGER

Notes

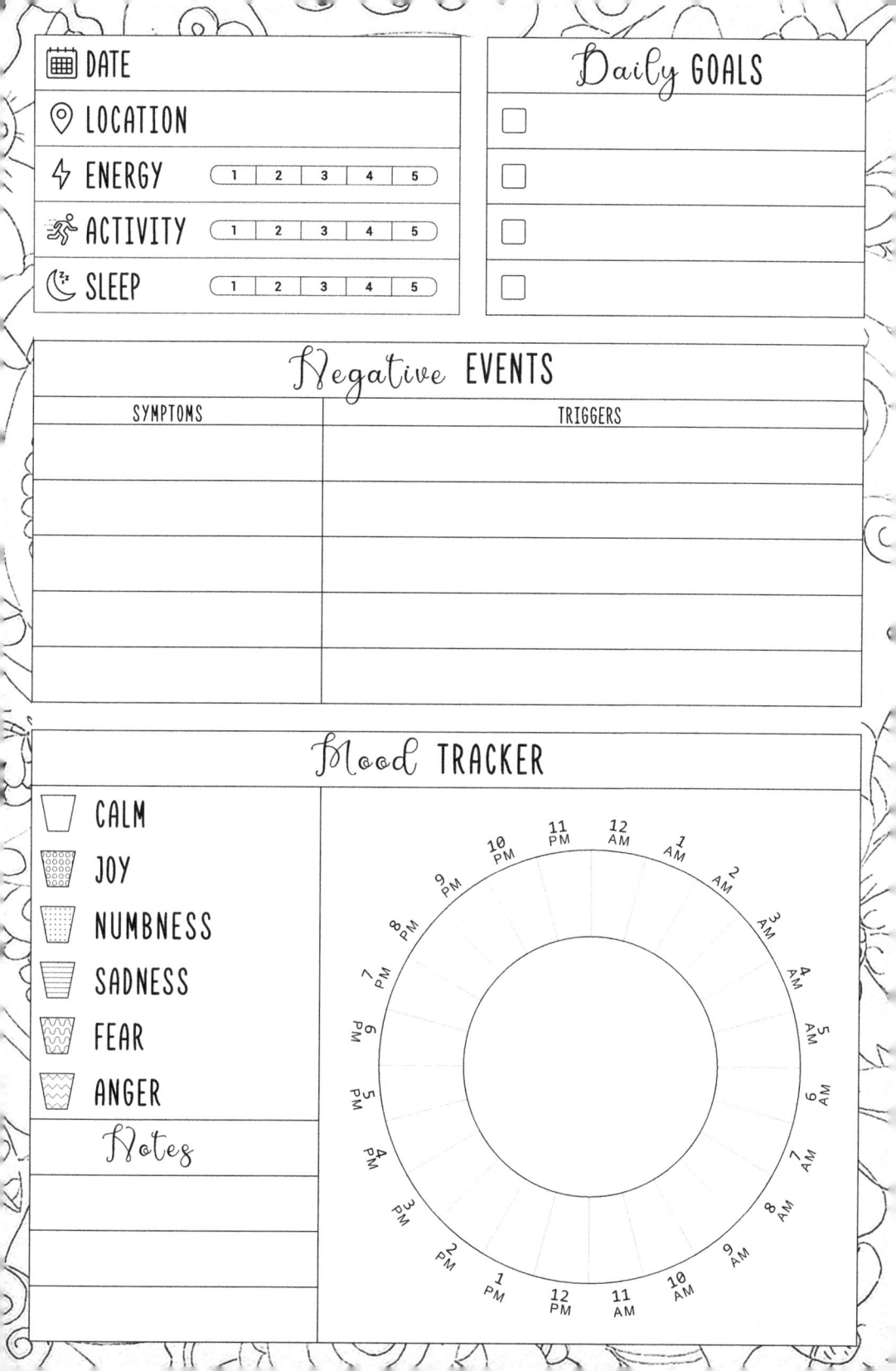

DATE						Daily GOALS
LOCATION						☐
ENERGY	1	2	3	4	5	☐
ACTIVITY	1	2	3	4	5	☐
SLEEP	1	2	3	4	5	☐

Negative Events

SYMPTOMS	TRIGGERS

Mood Tracker

- CALM
- JOY
- NUMBNESS
- SADNESS
- FEAR
- ANGER

Notes

(Mood tracker clock: 12 AM – 11 PM)

📅 DATE	
📍 LOCATION	
⚡ ENERGY	1 2 3 4 5
🏃 ACTIVITY	1 2 3 4 5
🌙 SLEEP	1 2 3 4 5

Daily GOALS

- ☐
- ☐
- ☐
- ☐

Negative EVENTS

SYMPTOMS	TRIGGERS

Mood TRACKER

- CALM
- JOY
- NUMBNESS
- SADNESS
- FEAR
- ANGER

Notes

(Clock dial: 12 AM, 1 AM, 2 AM, 3 AM, 4 AM, 5 AM, 6 AM, 7 AM, 8 AM, 9 AM, 10 AM, 11 AM, 12 PM, 1 PM, 2 PM, 3 PM, 4 PM, 5 PM, 6 PM, 7 PM, 8 PM, 9 PM, 10 PM, 11 PM)

DATE

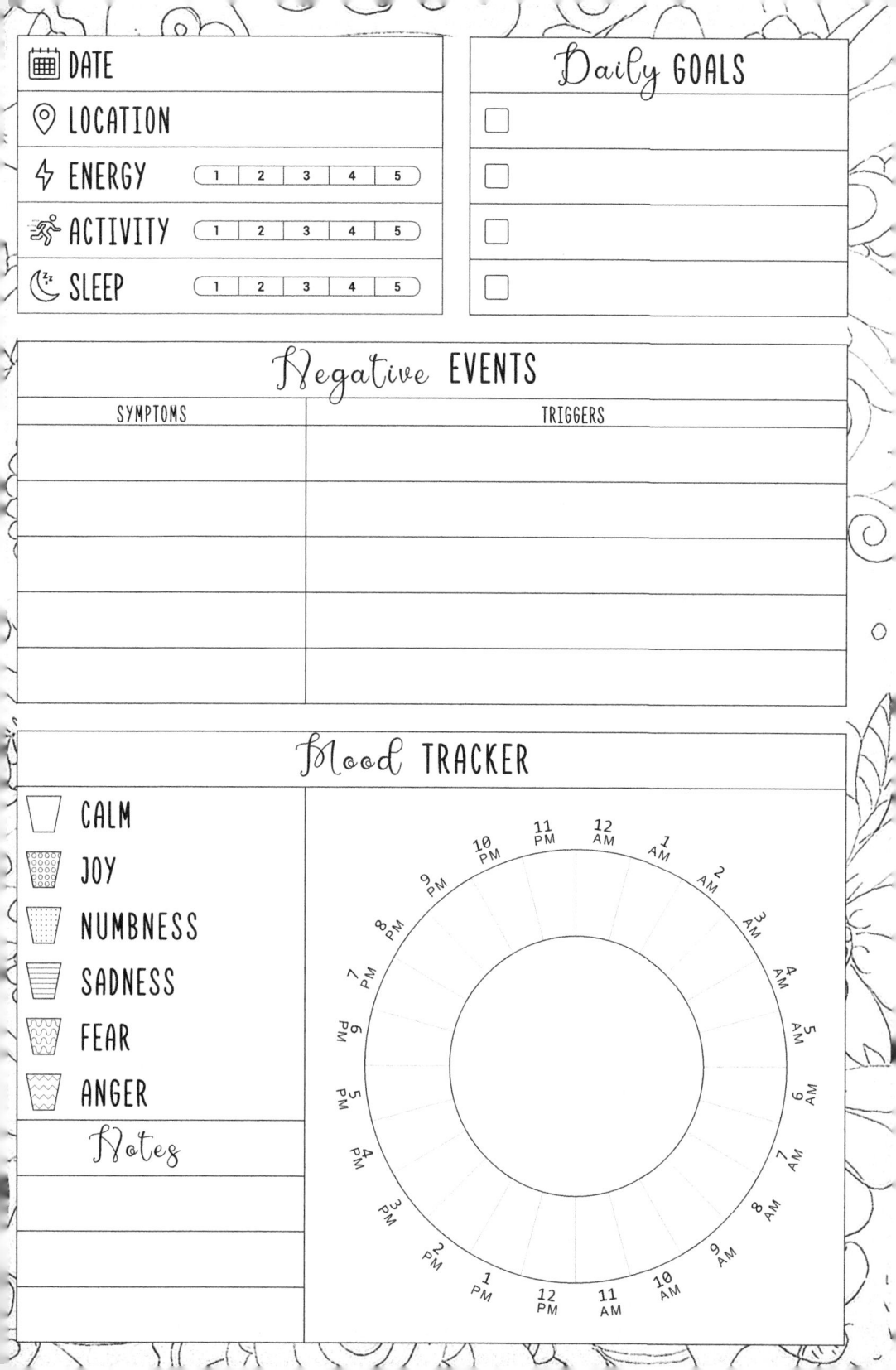

LOCATION

ENERGY | 1 | 2 | 3 | 4 | 5 |

ACTIVITY | 1 | 2 | 3 | 4 | 5 |

SLEEP | 1 | 2 | 3 | 4 | 5 |

Daily GOALS

- [ ]
- [ ]
- [ ]
- [ ]

Negative EVENTS

SYMPTOMS	TRIGGERS

Mood TRACKER

- CALM
- JOY
- NUMBNESS
- SADNESS
- FEAR
- ANGER

Notes

（24-hour circular mood tracker: 12 AM – 11 PM)

Weekly TRACKER

WEEK OF:

TASK LIST	M	T	W	T	F	S	S

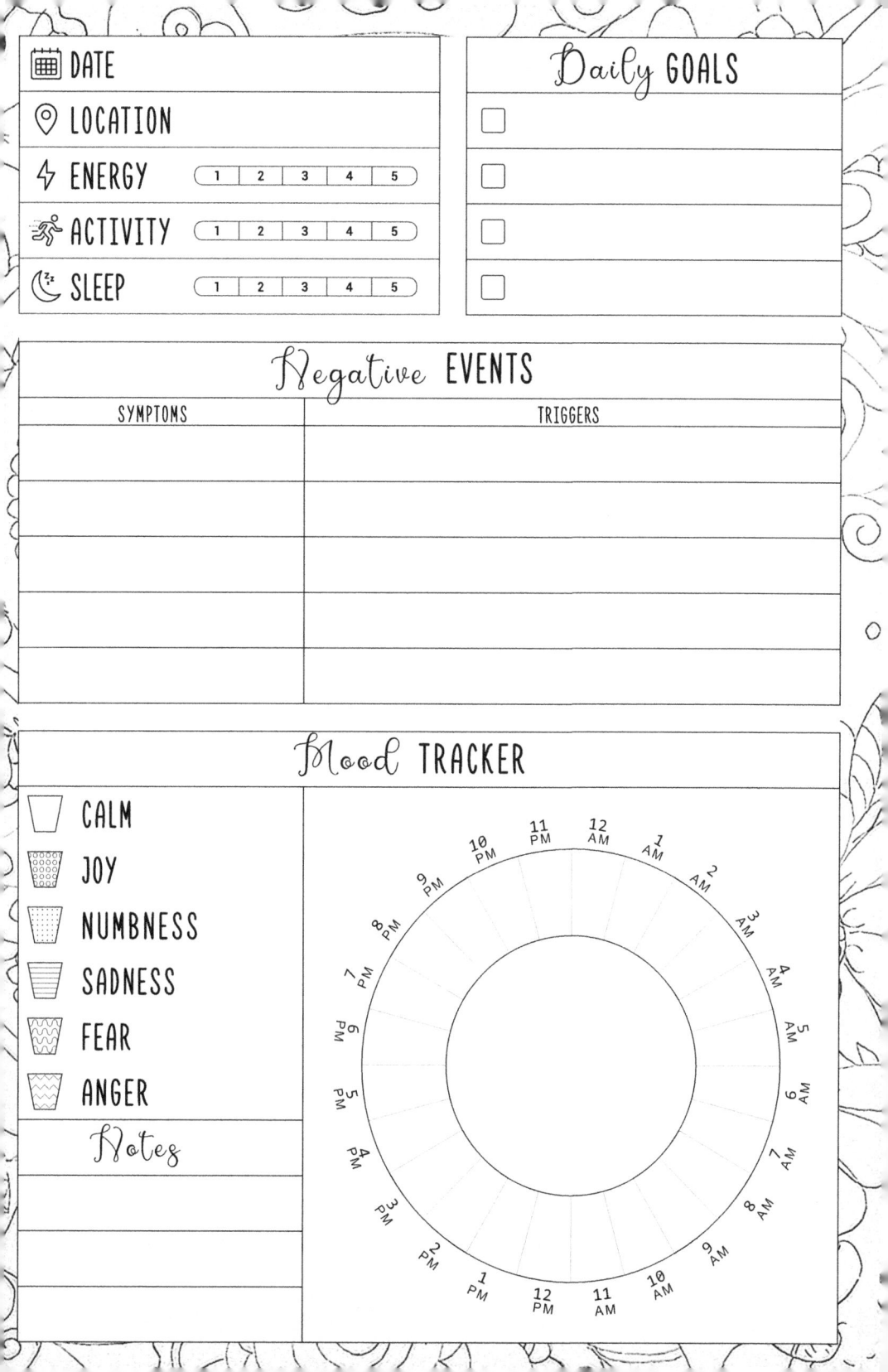

📅 DATE	
📍 LOCATION	
⚡ ENERGY	1 2 3 4 5
🏃 ACTIVITY	1 2 3 4 5
🌙 SLEEP	1 2 3 4 5

Daily GOALS

- [ ]
- [ ]
- [ ]
- [ ]

Negative EVENTS

SYMPTOMS	TRIGGERS

Mood TRACKER

- CALM
- JOY
- NUMBNESS
- SADNESS
- FEAR
- ANGER

Notes

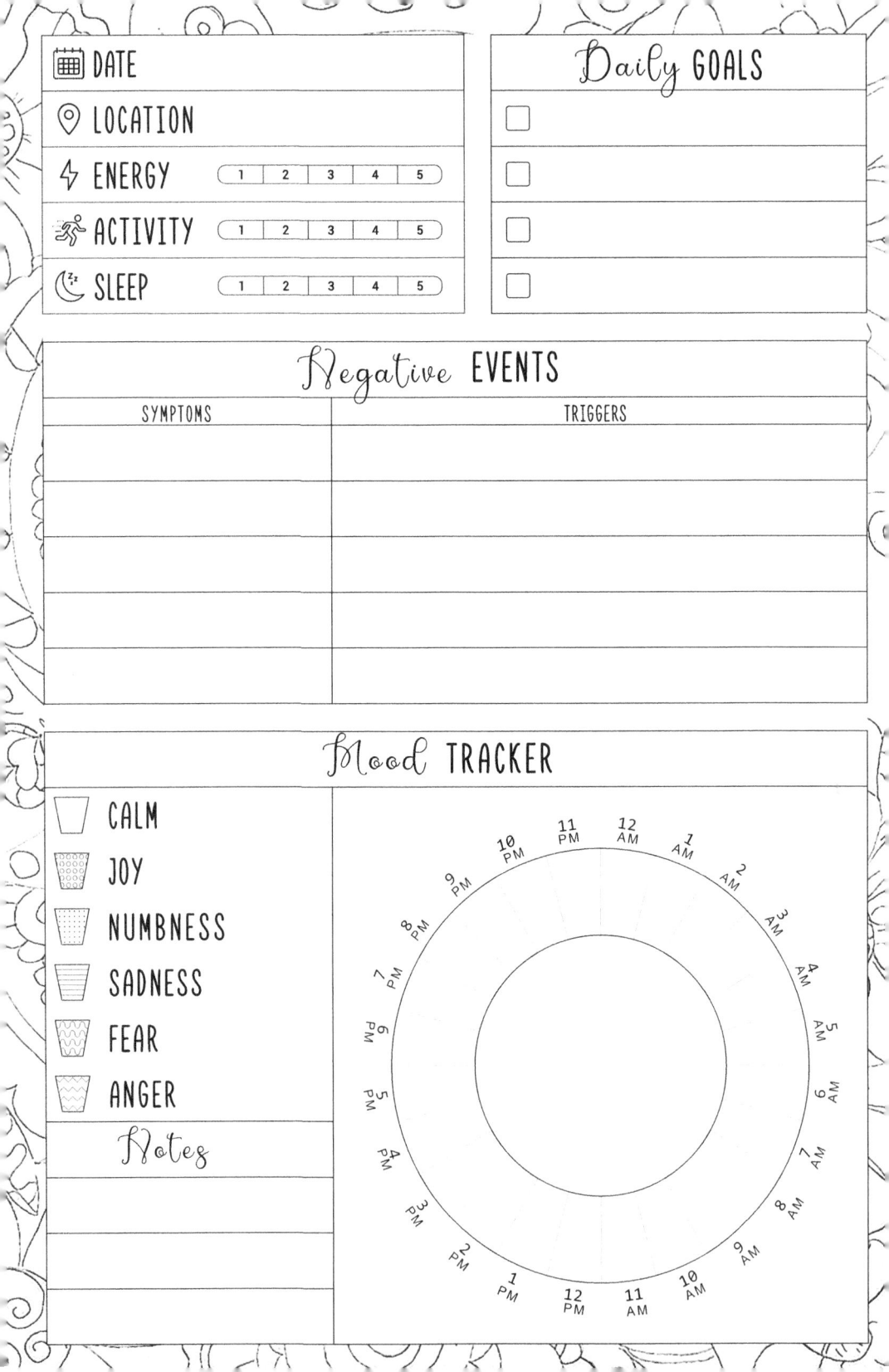

📅 DATE							*Daily* GOALS	
📍 LOCATION							☐	
⚡ ENERGY	1	2	3	4	5		☐	
🏃 ACTIVITY	1	2	3	4	5		☐	
🌙 SLEEP	1	2	3	4	5		☐	

Negative EVENTS

SYMPTOMS	TRIGGERS

Mood TRACKER

- CALM
- JOY
- NUMBNESS
- SADNESS
- FEAR
- ANGER

Notes

DATE

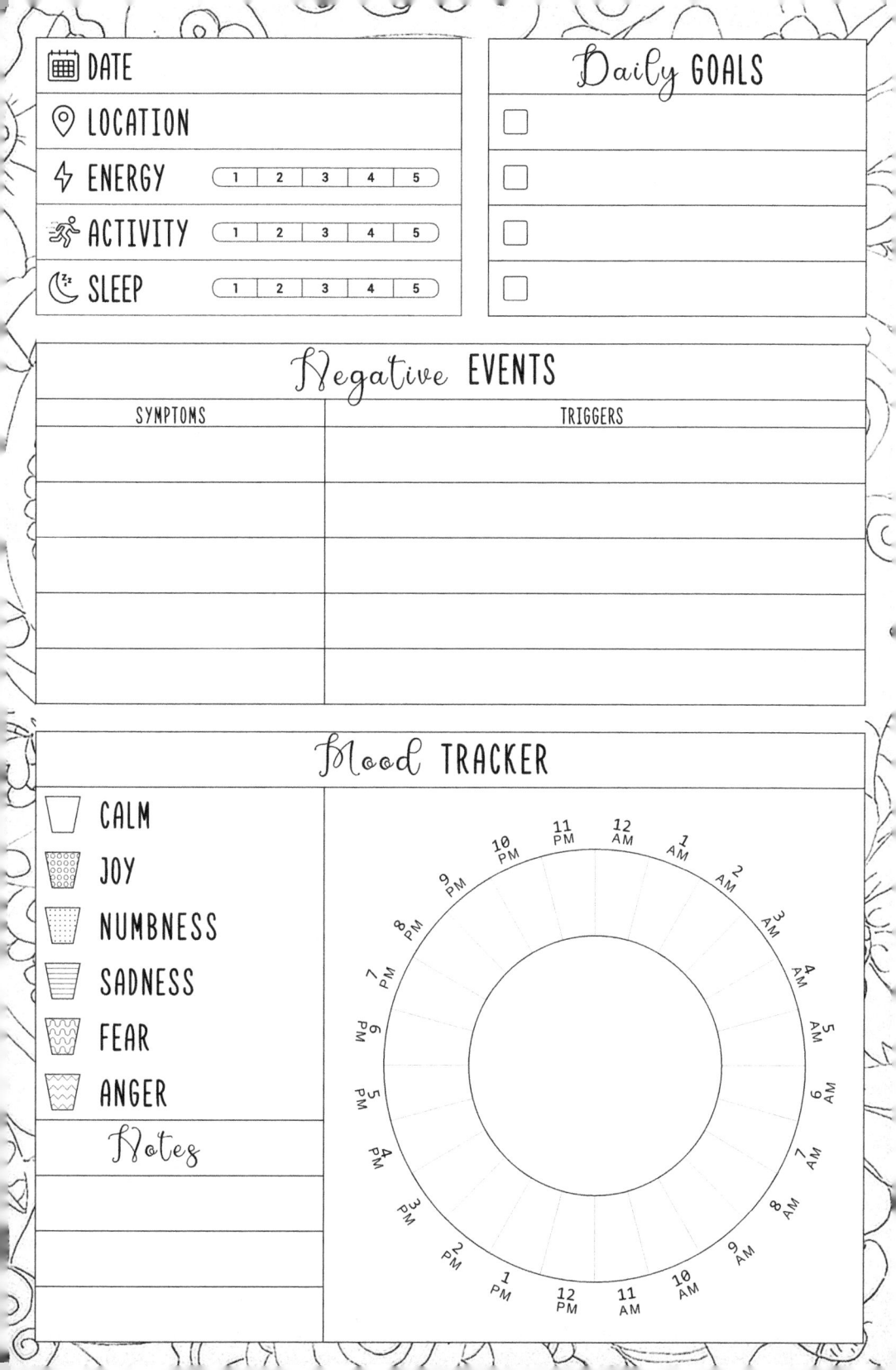

LOCATION

ENERGY
| 1 | 2 | 3 | 4 | 5 |

ACTIVITY
| 1 | 2 | 3 | 4 | 5 |

SLEEP
| 1 | 2 | 3 | 4 | 5 |

Daily GOALS

- ☐
- ☐
- ☐
- ☐

Negative EVENTS

SYMPTOMS	TRIGGERS

Mood TRACKER

- CALM
- JOY
- NUMBNESS
- SADNESS
- FEAR
- ANGER

Notes

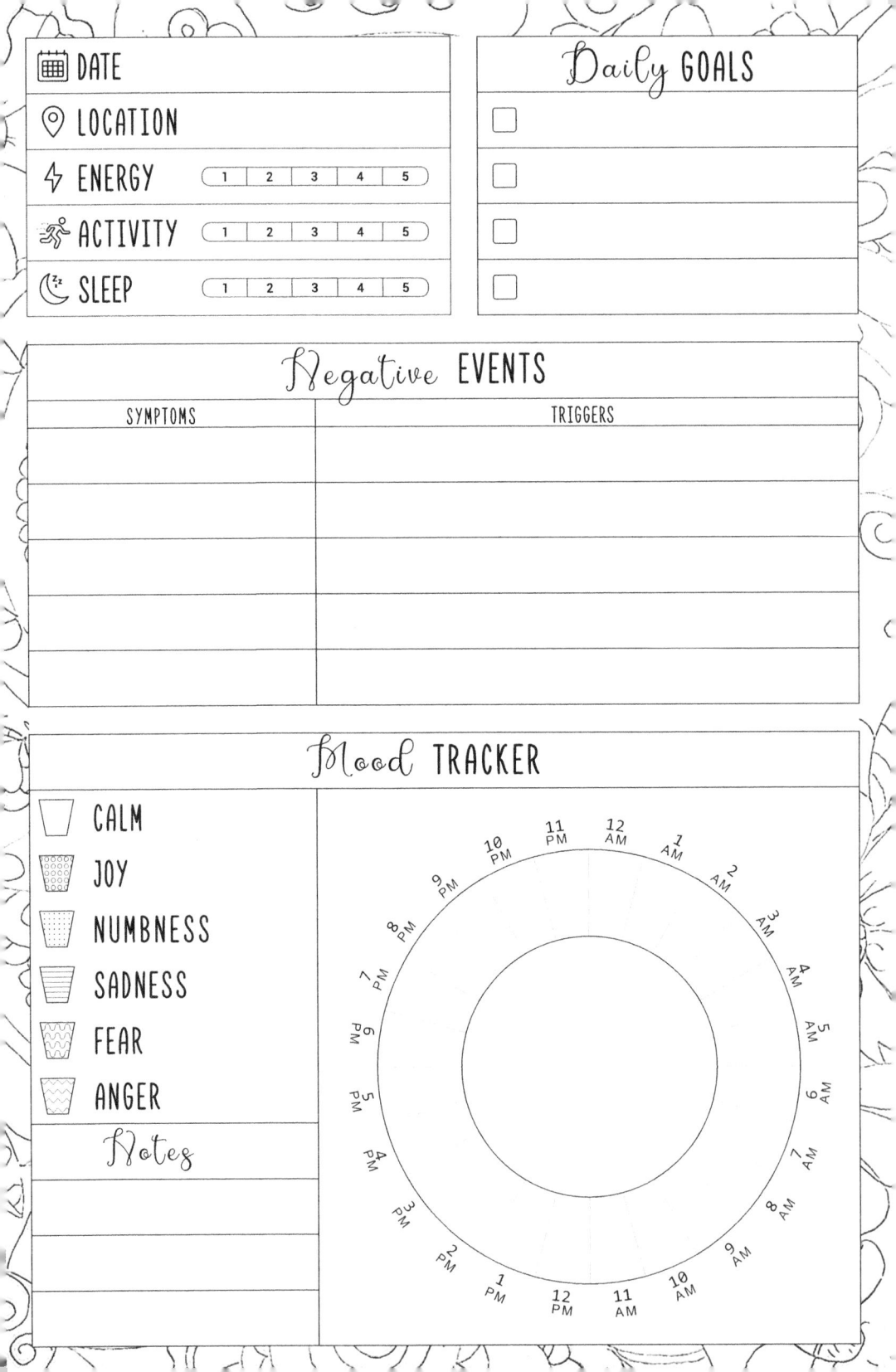

📅 DATE	
📍 LOCATION	
⚡ ENERGY	1 2 3 4 5
🏃 ACTIVITY	1 2 3 4 5
🌙 SLEEP	1 2 3 4 5

Daily GOALS

- [ ]
- [ ]
- [ ]
- [ ]

Negative EVENTS

SYMPTOMS	TRIGGERS

Mood TRACKER

- CALM
- JOY
- NUMBNESS
- SADNESS
- FEAR
- ANGER

Notes

DATE
LOCATION
ENERGY | 1 | 2 | 3 | 4 | 5 |
ACTIVITY | 1 | 2 | 3 | 4 | 5 |
SLEEP | 1 | 2 | 3 | 4 | 5 |

Daily GOALS
- [ ]
- [ ]
- [ ]
- [ ]

Negative EVENTS

SYMPTOMS	TRIGGERS

Mood TRACKER

- CALM
- JOY
- NUMBNESS
- SADNESS
- FEAR
- ANGER

Notes

DATE

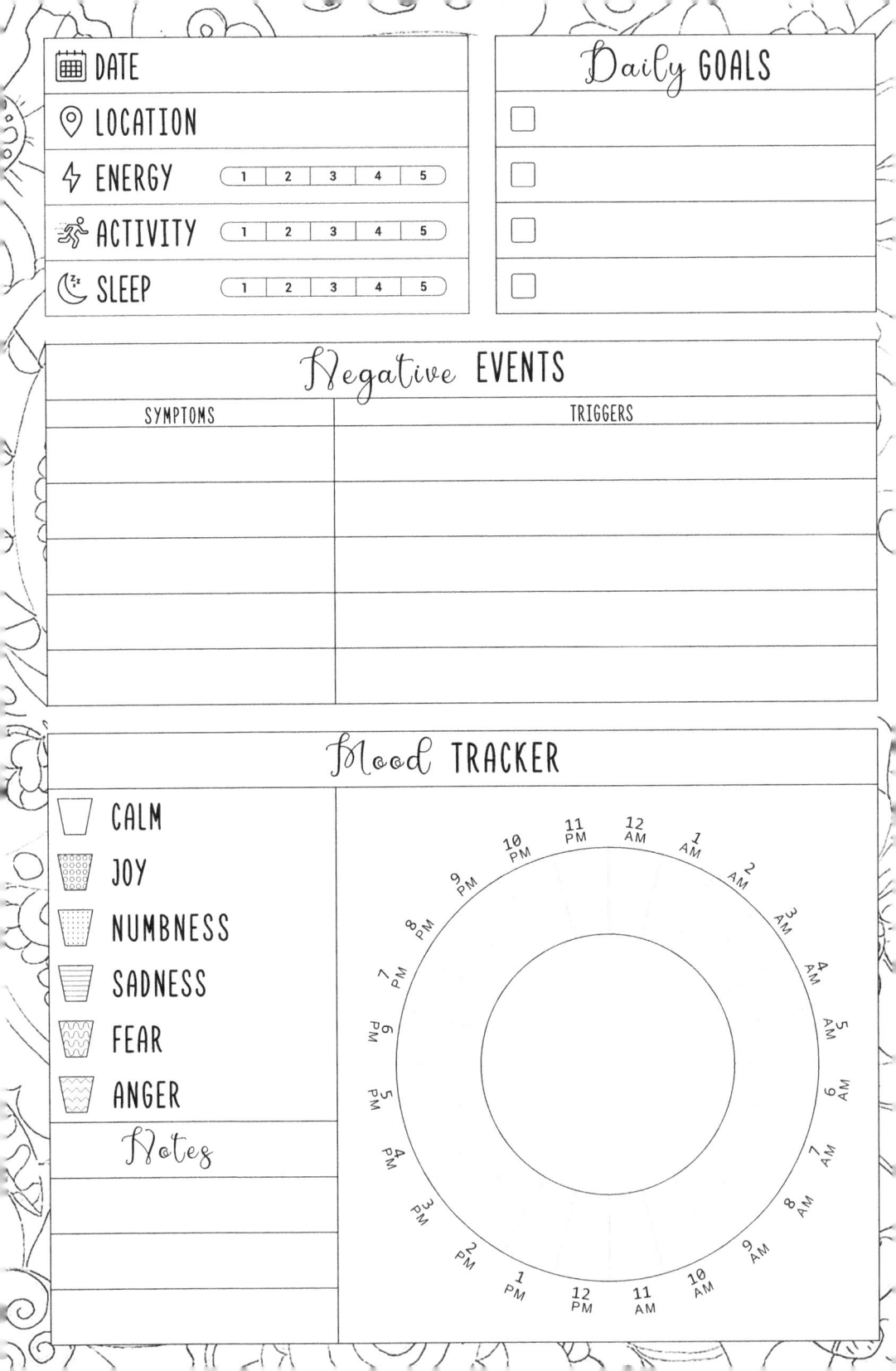

LOCATION

ENERGY
| 1 | 2 | 3 | 4 | 5 |

ACTIVITY
| 1 | 2 | 3 | 4 | 5 |

SLEEP
| 1 | 2 | 3 | 4 | 5 |

Daily GOALS

- [ ]
- [ ]
- [ ]
- [ ]

Negative EVENTS

SYMPTOMS	TRIGGERS

Mood TRACKER

- CALM
- JOY
- NUMBNESS
- SADNESS
- FEAR
- ANGER

Notes

(Clock dial: 12 AM, 1 AM, 2 AM, 3 AM, 4 AM, 5 AM, 6 AM, 7 AM, 8 AM, 9 AM, 10 AM, 11 AM, 12 PM, 1 PM, 2 PM, 3 PM, 4 PM, 5 PM, 6 PM, 7 PM, 8 PM, 9 PM, 10 PM, 11 PM)

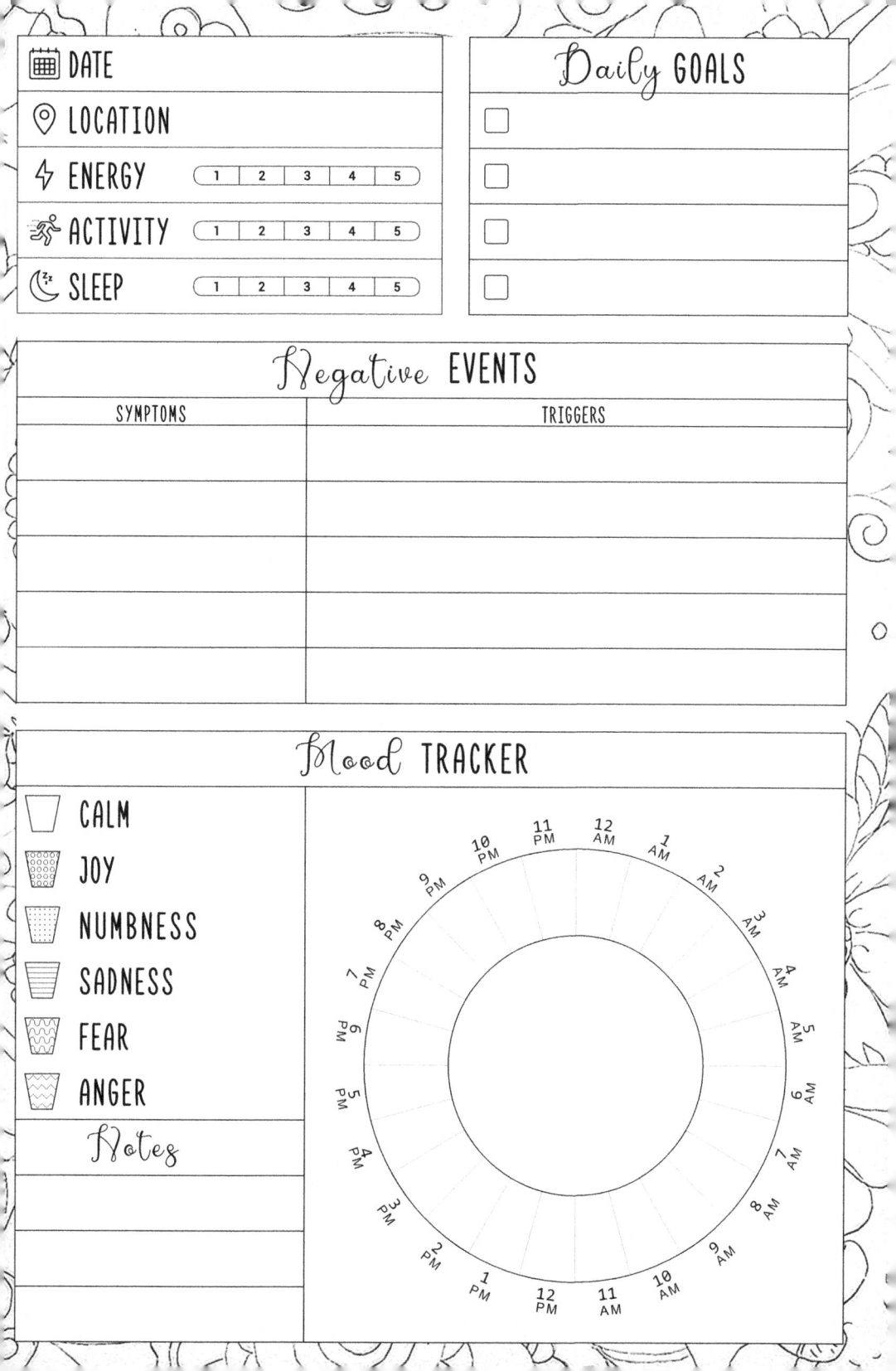

DATE
LOCATION
ENERGY | 1 | 2 | 3 | 4 | 5
ACTIVITY | 1 | 2 | 3 | 4 | 5
SLEEP | 1 | 2 | 3 | 4 | 5

Daily GOALS
- [ ]
- [ ]
- [ ]
- [ ]

Negative EVENTS

SYMPTOMS	TRIGGERS

Mood TRACKER

- CALM
- JOY
- NUMBNESS
- SADNESS
- FEAR
- ANGER

Notes

Clock hours: 12 PM, 1 PM, 2 PM, 3 PM, 4 PM, 5 PM, 6 PM, 7 PM, 8 PM, 9 PM, 10 PM, 11 PM, 12 AM, 1 AM, 2 AM, 3 AM, 4 AM, 5 AM, 6 AM, 7 AM, 8 AM, 9 AM, 10 AM, 11 AM

Weekly TRACKER

WEEK OF:

TASK LIST	M	T	W	T	F	S	S
○							
○							
○							
○							
○							
○							
○							
○							
○							
○							
○							
○							
○							
○							
○							
○							
○							
○							
○							
○							
○							

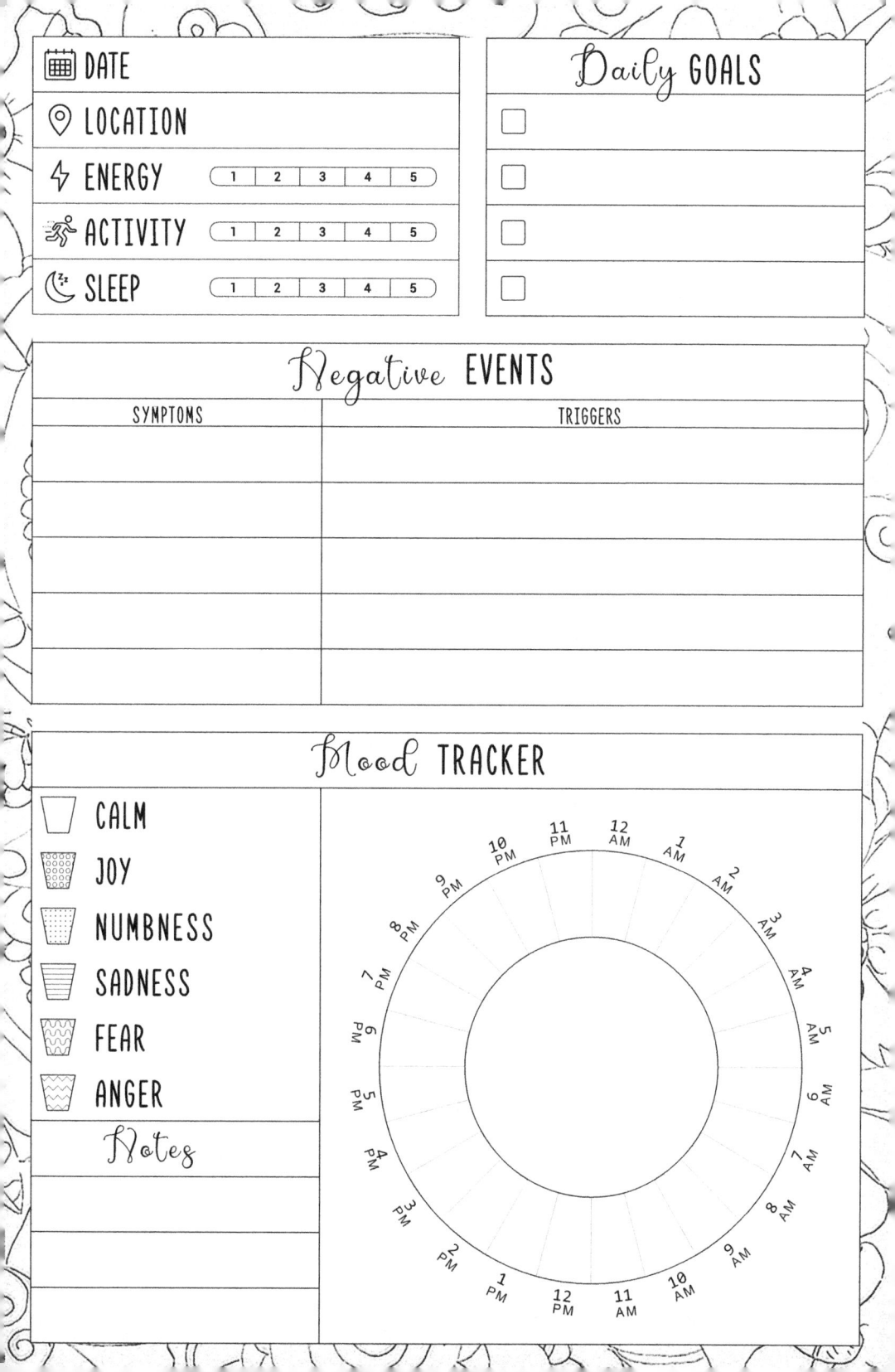

📅 DATE	
📍 LOCATION	
⚡ ENERGY 1 2 3 4 5	
🏃 ACTIVITY 1 2 3 4 5	
🌙 SLEEP 1 2 3 4 5	

Daily GOALS

- [ ]
- [ ]
- [ ]
- [ ]

Negative EVENTS

SYMPTOMS	TRIGGERS

Mood TRACKER

- CALM
- JOY
- NUMBNESS
- SADNESS
- FEAR
- ANGER

Notes

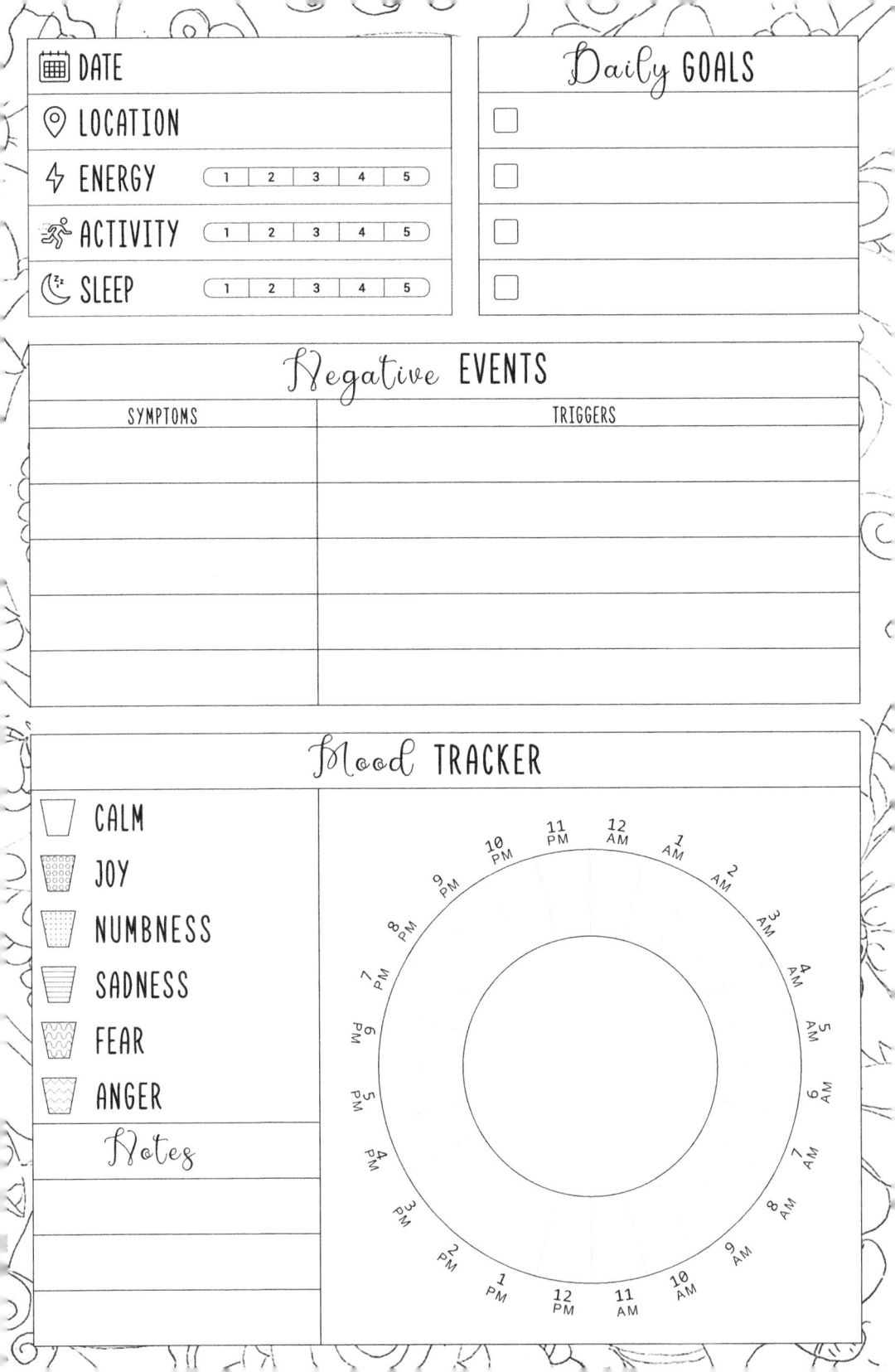

📅 DATE						Daily GOALS
📍 LOCATION						☐
⚡ ENERGY	1	2	3	4	5	☐
🏃 ACTIVITY	1	2	3	4	5	☐
🌙 SLEEP	1	2	3	4	5	☐

Negative EVENTS

SYMPTOMS	TRIGGERS

Mood TRACKER

- CALM
- JOY
- NUMBNESS
- SADNESS
- FEAR
- ANGER

Notes

📅 DATE	
📍 LOCATION	
⚡ ENERGY	1 2 3 4 5
🏃 ACTIVITY	1 2 3 4 5
🌙 SLEEP	1 2 3 4 5

Daily GOALS

- [ ]
- [ ]
- [ ]
- [ ]

Negative EVENTS

SYMPTOMS	TRIGGERS

Mood TRACKER

- CALM
- JOY
- NUMBNESS
- SADNESS
- FEAR
- ANGER

Notes

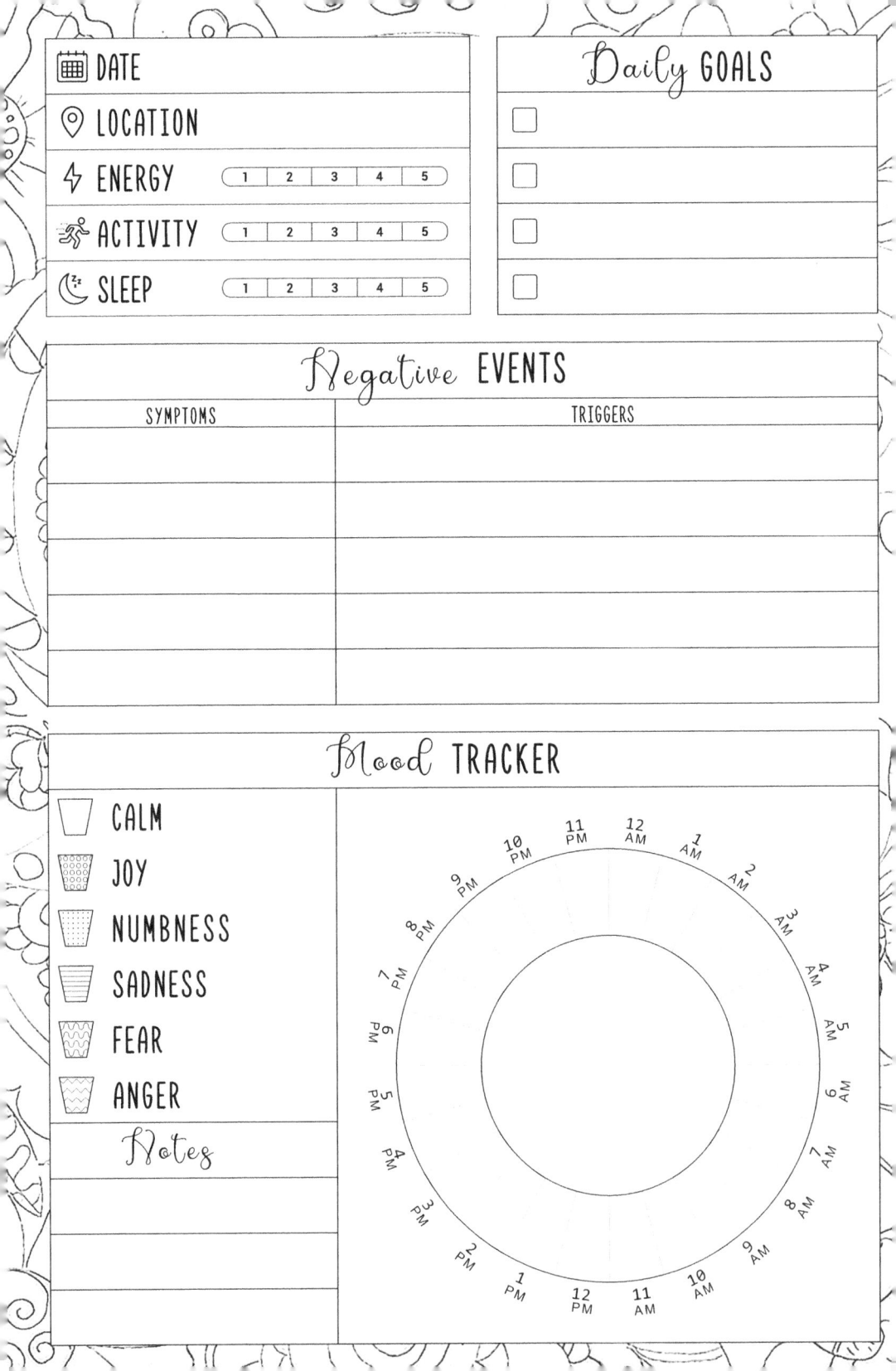

📅 DATE	
📍 LOCATION	
⚡ ENERGY	1 2 3 4 5
🏃 ACTIVITY	1 2 3 4 5
🌙 SLEEP	1 2 3 4 5

Daily GOALS

- [ ]
- [ ]
- [ ]
- [ ]

Negative EVENTS

SYMPTOMS	TRIGGERS

Mood TRACKER

- CALM
- JOY
- NUMBNESS
- SADNESS
- FEAR
- ANGER

Notes

Hours: 12 AM, 1 AM, 2 AM, 3 AM, 4 AM, 5 AM, 6 AM, 7 AM, 8 AM, 9 AM, 10 AM, 11 AM, 12 PM, 1 PM, 2 PM, 3 PM, 4 PM, 5 PM, 6 PM, 7 PM, 8 PM, 9 PM, 10 PM, 11 PM

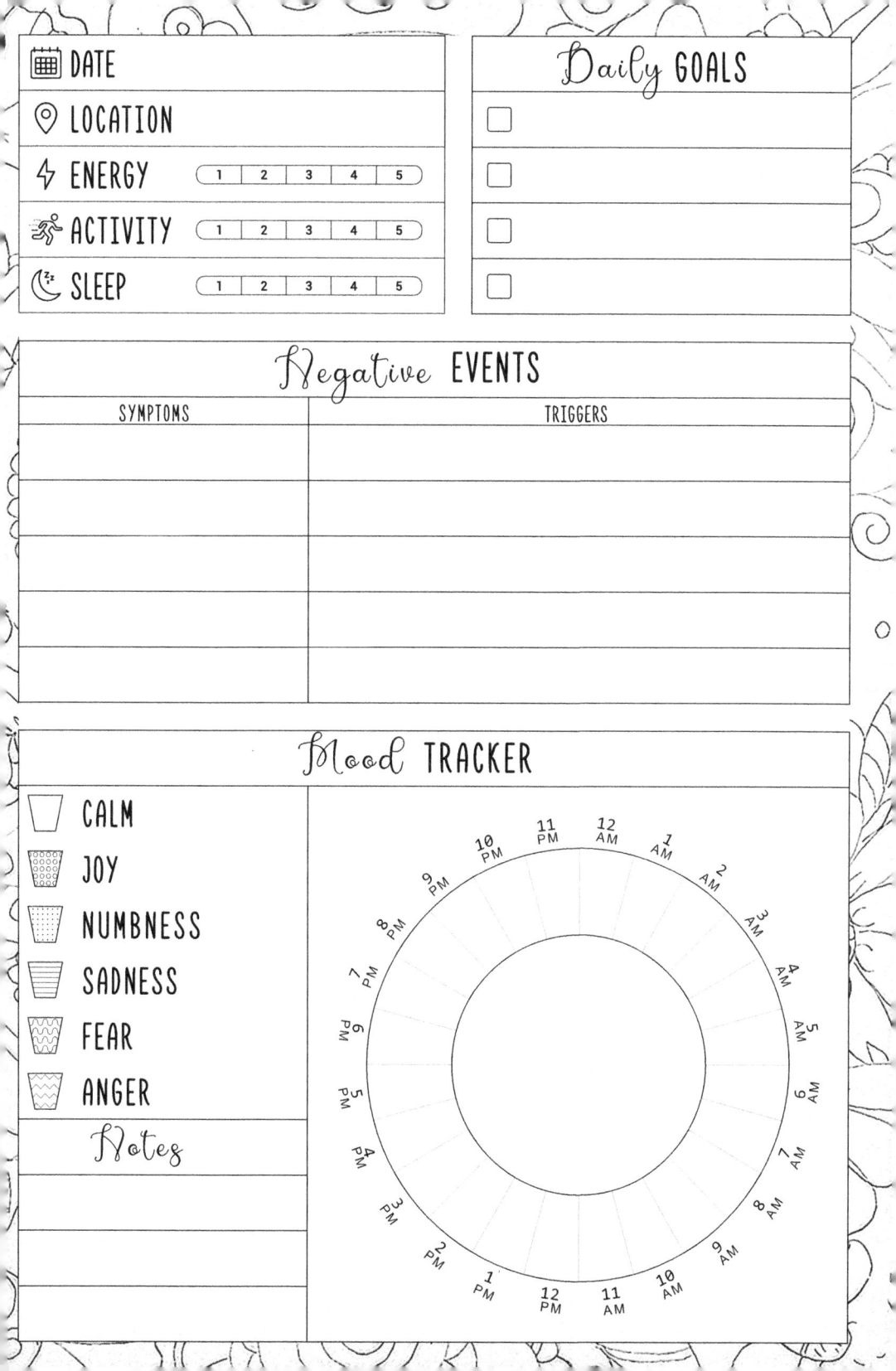

📅 DATE	
📍 LOCATION	
⚡ ENERGY	1 2 3 4 5
🏃 ACTIVITY	1 2 3 4 5
🌙 SLEEP	1 2 3 4 5

Daily GOALS

- [ ]
- [ ]
- [ ]
- [ ]

Negative EVENTS

SYMPTOMS	TRIGGERS

Mood TRACKER

- CALM
- JOY
- NUMBNESS
- SADNESS
- FEAR
- ANGER

Notes

DATE

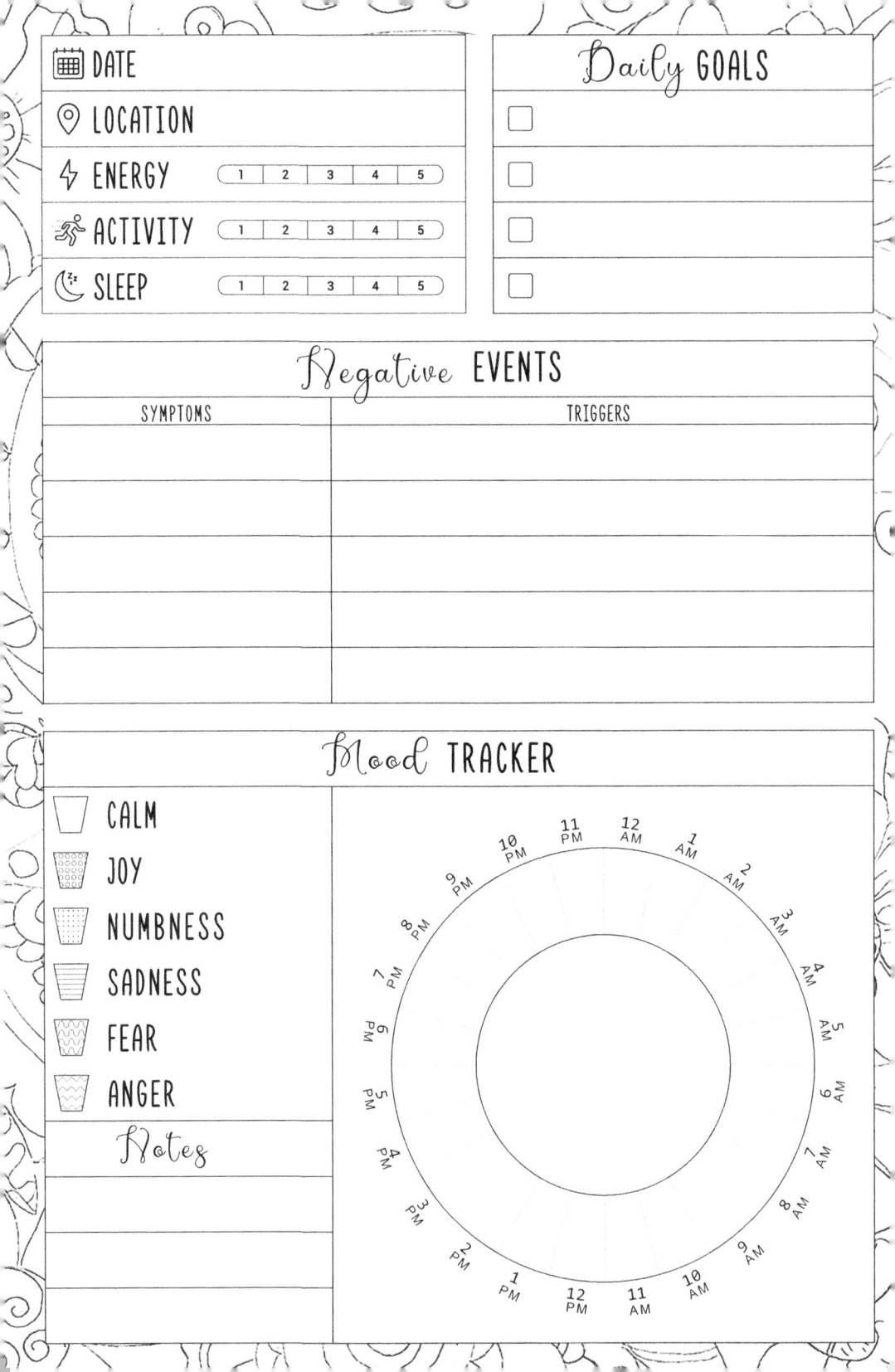

LOCATION

ENERGY 1 2 3 4 5

ACTIVITY 1 2 3 4 5

SLEEP 1 2 3 4 5

Daily GOALS

- [ ]
- [ ]
- [ ]
- [ ]

Negative EVENTS

SYMPTOMS	TRIGGERS

Mood TRACKER

- CALM
- JOY
- NUMBNESS
- SADNESS
- FEAR
- ANGER

Notes

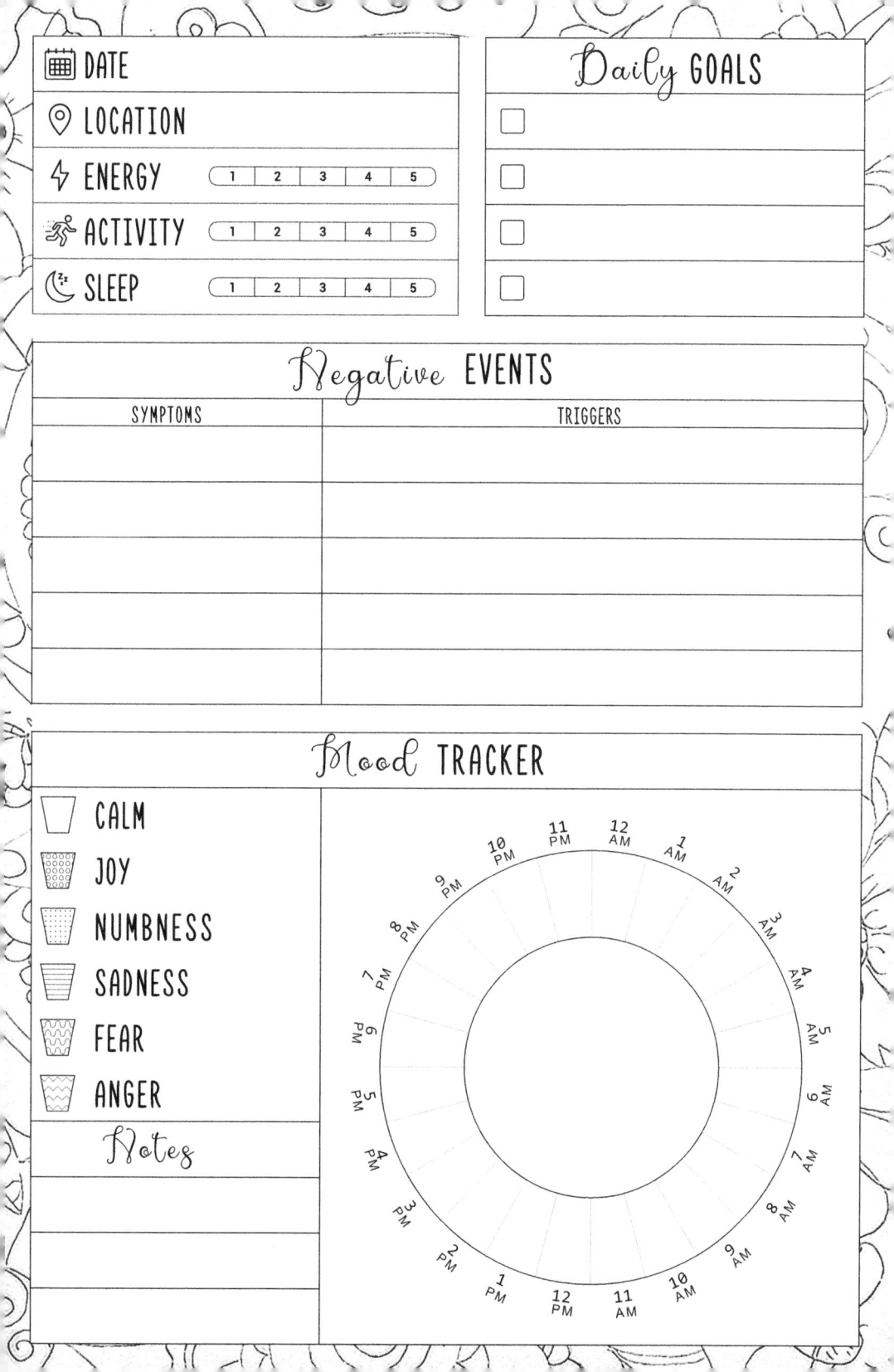

📅 DATE	
📍 LOCATION	
⚡ ENERGY	1 2 3 4 5
🏃 ACTIVITY	1 2 3 4 5
🌙 SLEEP	1 2 3 4 5

Daily GOALS

- ☐
- ☐
- ☐
- ☐

Negative EVENTS

SYMPTOMS	TRIGGERS

Mood TRACKER

- CALM
- JOY
- NUMBNESS
- SADNESS
- FEAR
- ANGER

Notes

Weekly TRACKER

WEEK OF:

TASK LIST	M	T	W	T	F	S	S
○							
○							
○							
○							
○							
○							
○							
○							
○							
○							
○							
○							
○							
○							
○							
○							
○							
○							
○							
○							
○							
○							
○							
○							
○							

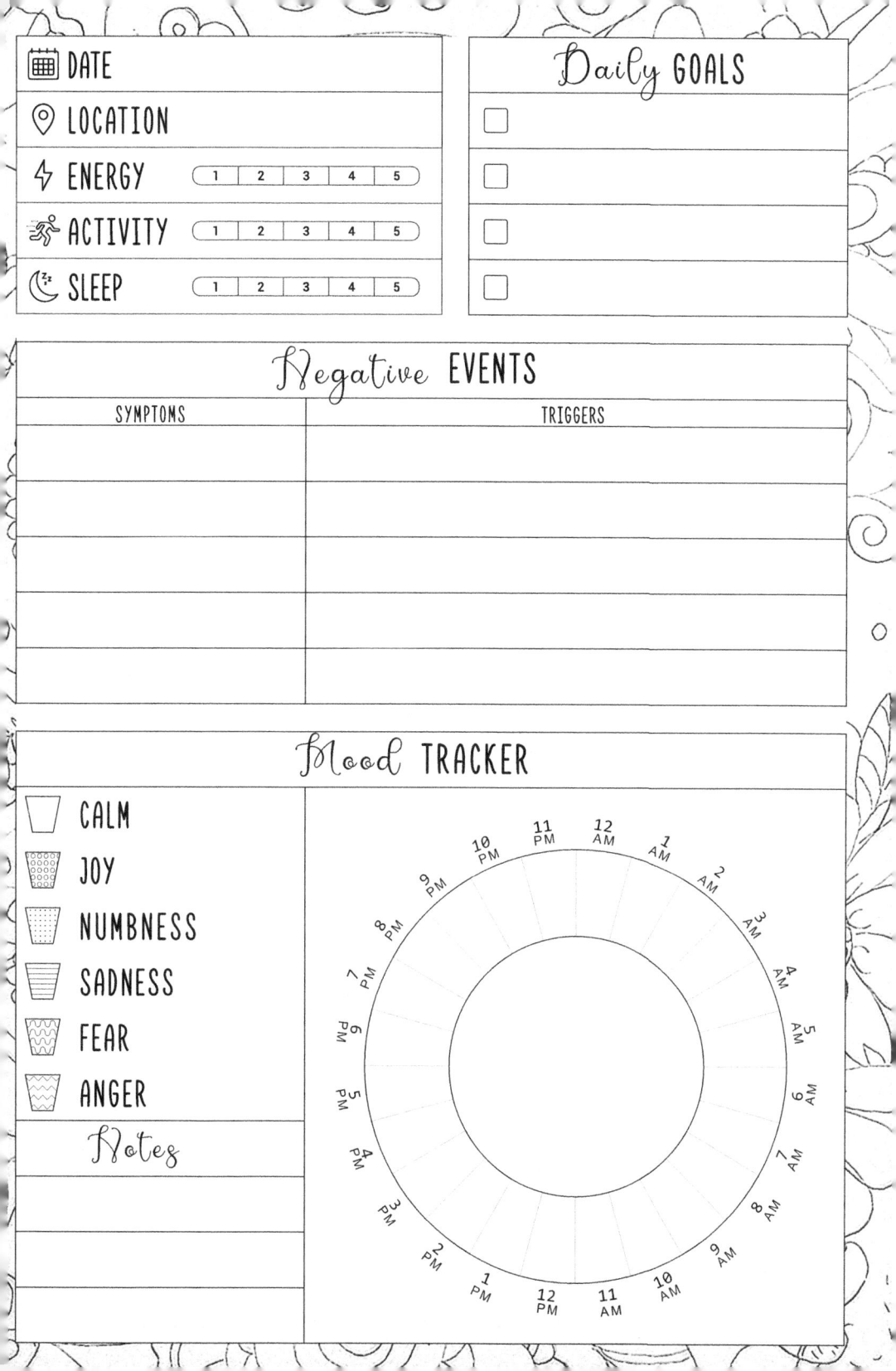

DATE
LOCATION
ENERGY | 1 | 2 | 3 | 4 | 5 |
ACTIVITY | 1 | 2 | 3 | 4 | 5 |
SLEEP | 1 | 2 | 3 | 4 | 5 |

Daily GOALS
- [ ]
- [ ]
- [ ]
- [ ]

Negative EVENTS

SYMPTOMS	TRIGGERS

Mood TRACKER

- CALM
- JOY
- NUMBNESS
- SADNESS
- FEAR
- ANGER

Notes

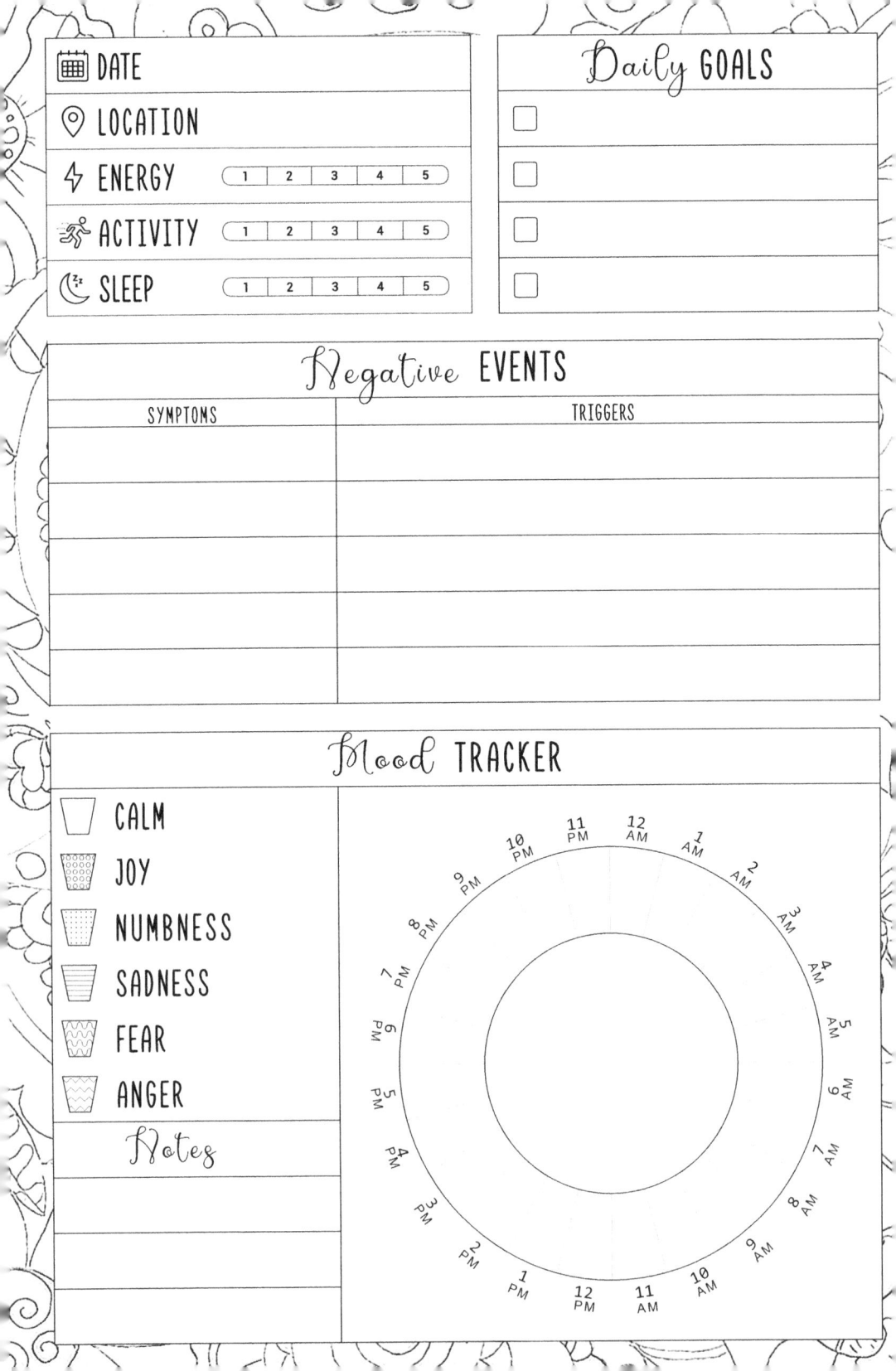

DATE
LOCATION
ENERGY | 1 | 2 | 3 | 4 | 5 |
ACTIVITY | 1 | 2 | 3 | 4 | 5 |
SLEEP | 1 | 2 | 3 | 4 | 5 |

Daily GOALS
- [ ]
- [ ]
- [ ]
- [ ]

Negative EVENTS

SYMPTOMS	TRIGGERS

Mood TRACKER

- CALM
- JOY
- NUMBNESS
- SADNESS
- FEAR
- ANGER

Notes

(Clock dial: 12 AM, 1 AM, 2 AM, 3 AM, 4 AM, 5 AM, 6 AM, 7 AM, 8 AM, 9 AM, 10 AM, 11 AM, 12 PM, 1 PM, 2 PM, 3 PM, 4 PM, 5 PM, 6 PM, 7 PM, 8 PM, 9 PM, 10 PM, 11 PM)

DATE

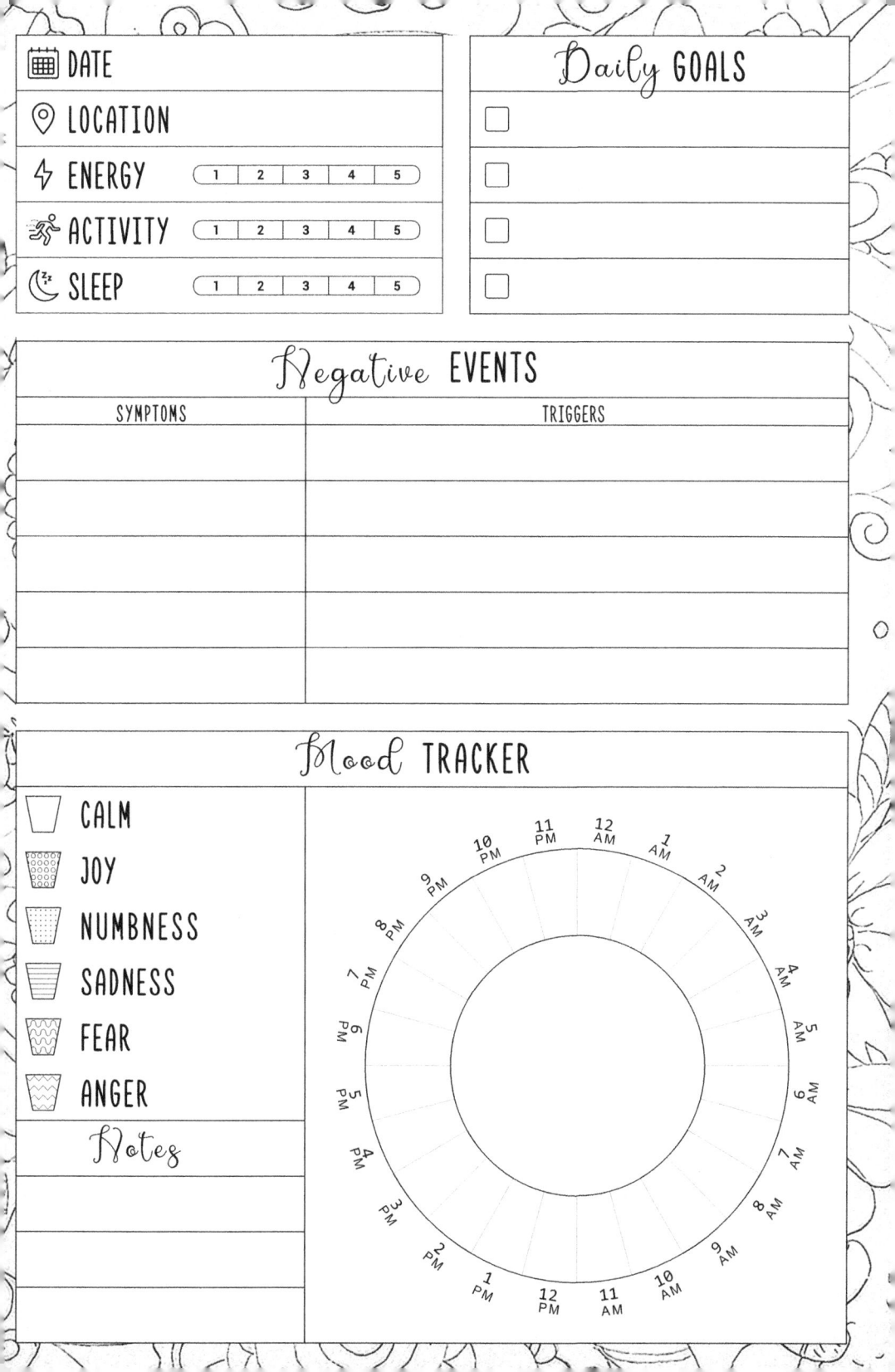

LOCATION

ENERGY | 1 | 2 | 3 | 4 | 5 |

ACTIVITY | 1 | 2 | 3 | 4 | 5 |

SLEEP | 1 | 2 | 3 | 4 | 5 |

Daily GOALS

- [ ]
- [ ]
- [ ]
- [ ]

Negative EVENTS

SYMPTOMS	TRIGGERS

Mood TRACKER

- CALM
- JOY
- NUMBNESS
- SADNESS
- FEAR
- ANGER

Notes

DATE

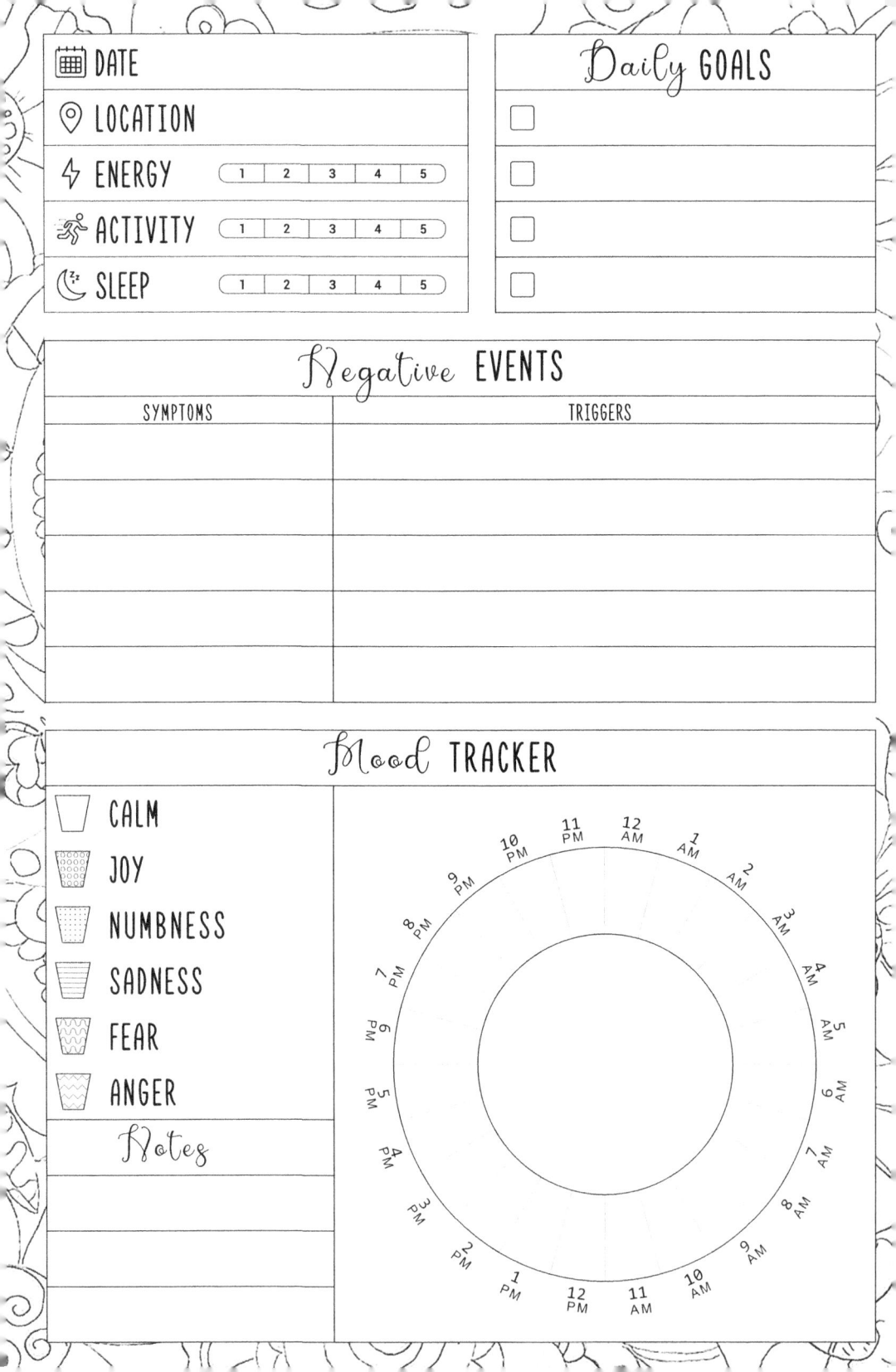

LOCATION

ENERGY | 1 | 2 | 3 | 4 | 5 |

ACTIVITY | 1 | 2 | 3 | 4 | 5 |

SLEEP | 1 | 2 | 3 | 4 | 5 |

Daily GOALS

- [ ]
- [ ]
- [ ]
- [ ]

Negative EVENTS

SYMPTOMS	TRIGGERS

Mood TRACKER

- CALM
- JOY
- NUMBNESS
- SADNESS
- FEAR
- ANGER

Notes

(Clock ring labeled hours: 12 AM, 1 AM, 2 AM, 3 AM, 4 AM, 5 AM, 6 AM, 7 AM, 8 AM, 9 AM, 10 AM, 11 AM, 12 PM, 1 PM, 2 PM, 3 PM, 4 PM, 5 PM, 6 PM, 7 PM, 8 PM, 9 PM, 10 PM, 11 PM)

DATE

LOCATION

ENERGY | 1 | 2 | 3 | 4 | 5 |

ACTIVITY | 1 | 2 | 3 | 4 | 5 |

SLEEP | 1 | 2 | 3 | 4 | 5 |

Daily GOALS

- ☐
- ☐
- ☐
- ☐

Negative EVENTS

SYMPTOMS	TRIGGERS

Mood TRACKER

- ☐ CALM
- ☐ JOY
- ☐ NUMBNESS
- ☐ SADNESS
- ☐ FEAR
- ☐ ANGER

Notes

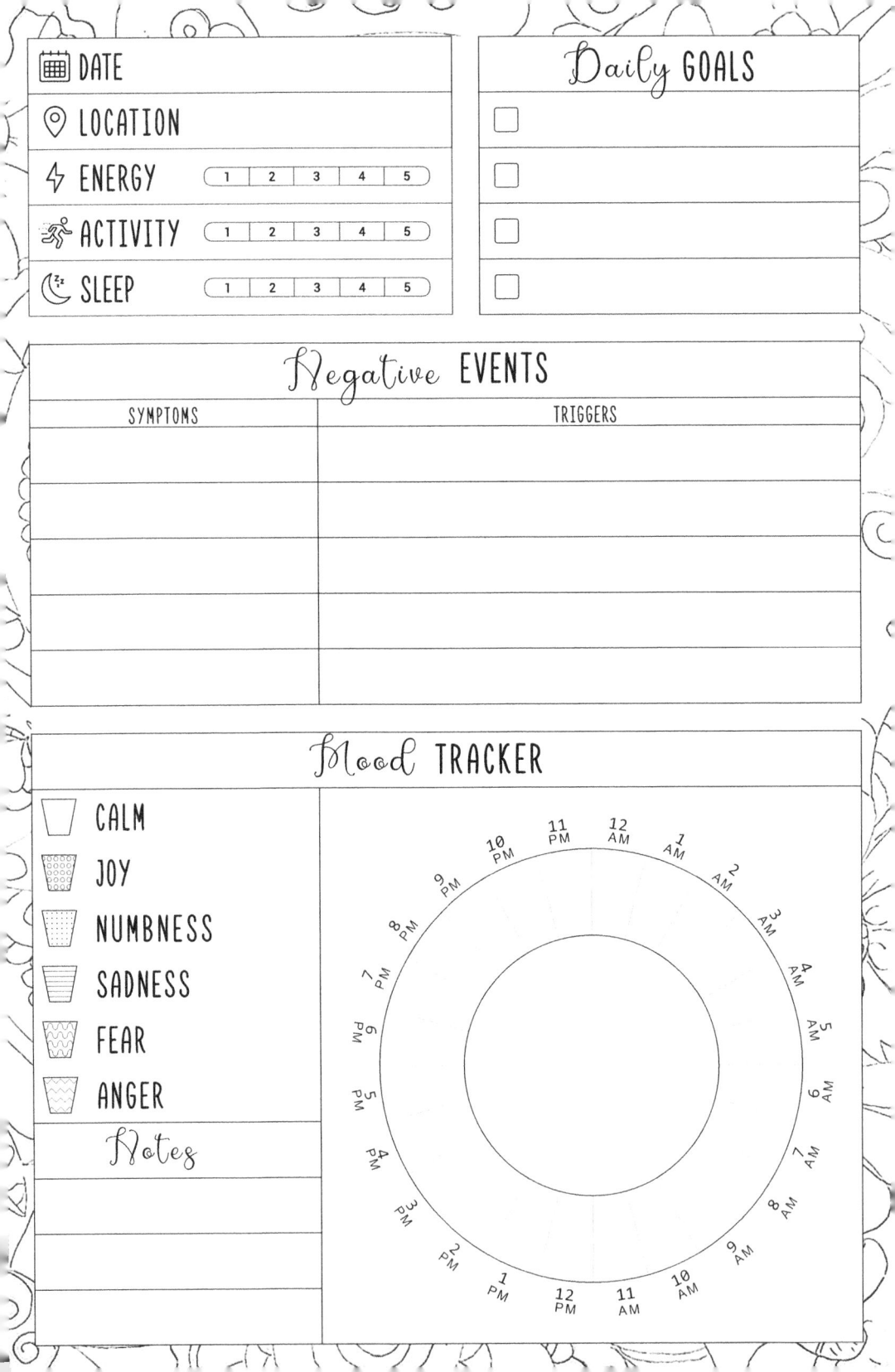

📅 DATE	
📍 LOCATION	
⚡ ENERGY	1 2 3 4 5
🏃 ACTIVITY	1 2 3 4 5
🌙 SLEEP	1 2 3 4 5

Daily GOALS

- [ ]
- [ ]
- [ ]
- [ ]

Negative EVENTS

SYMPTOMS	TRIGGERS

Mood TRACKER

- CALM
- JOY
- NUMBNESS
- SADNESS
- FEAR
- ANGER

Notes

📅 DATE	
📍 LOCATION	
⚡ ENERGY	1 2 3 4 5
🏃 ACTIVITY	1 2 3 4 5
🌙 SLEEP	1 2 3 4 5

Daily GOALS

- [ ]
- [ ]
- [ ]
- [ ]

Negative EVENTS

SYMPTOMS	TRIGGERS

Mood TRACKER

- CALM
- JOY
- NUMBNESS
- SADNESS
- FEAR
- ANGER

Notes

Weekly TRACKER

WEEK OF:

TASK LIST	M	T	W	T	F	S	S

Month in Review

MONTH OF:

Progress I have made this month

What did I miss? How I can do better next month?

Day 1									
Day 2									
Day 3									
Day 4									
Day 5									
Day 6									
Day 7									
Day 8									
Day 9									
Day 10									
Day 11									
Day 12									
Day 13									
Day 14									
Day 15									
Day 16									
Day 17									
Day 18									
Day 19									
Day 20									
Day 21									
Day 22									
Day 23									
Day 24									
Day 25									
Day 26									
Day 27									
Day 28									
Day 29									
Day 30									

DATE

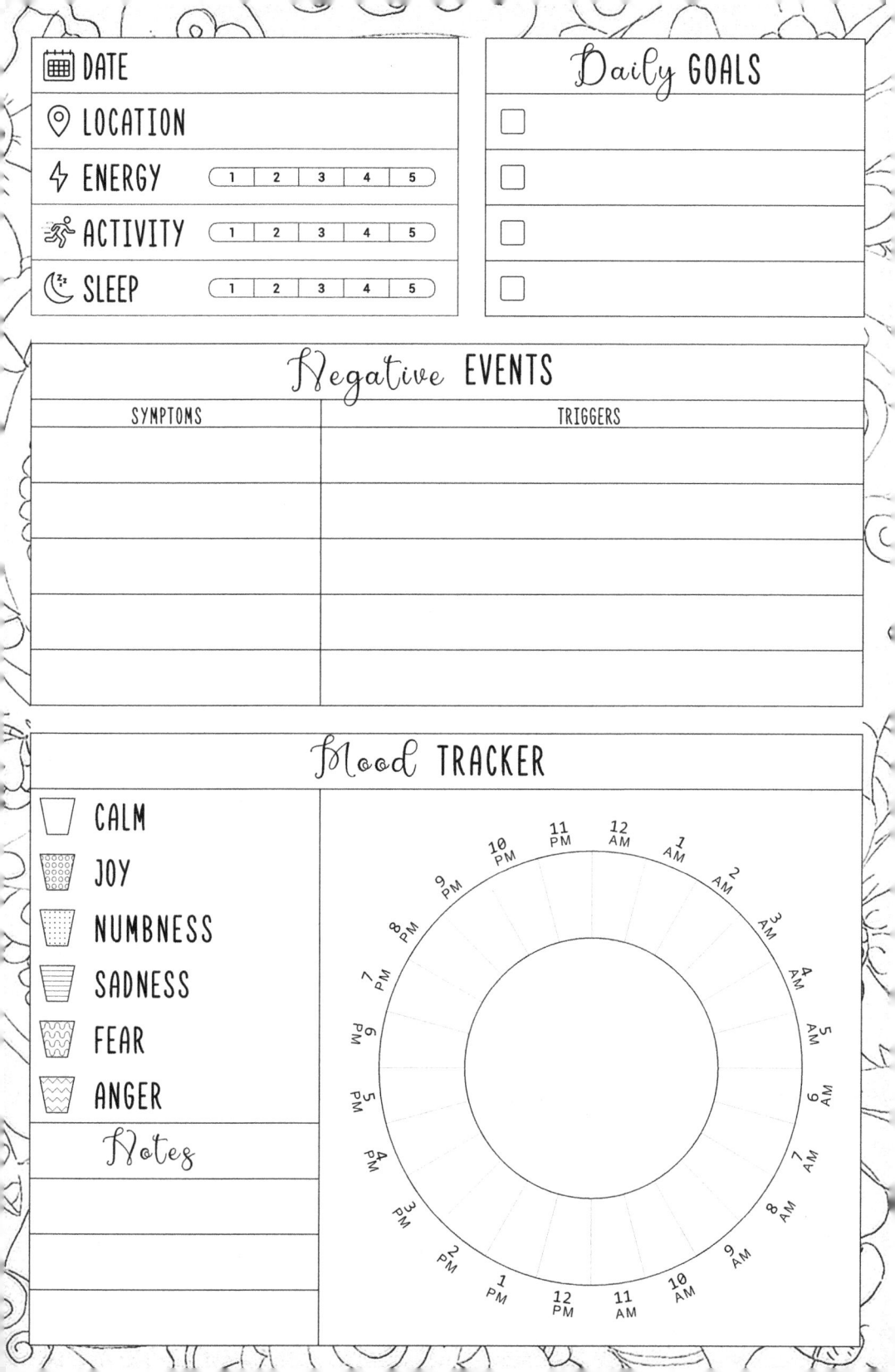

LOCATION

ENERGY
| 1 | 2 | 3 | 4 | 5 |

ACTIVITY
| 1 | 2 | 3 | 4 | 5 |

SLEEP
| 1 | 2 | 3 | 4 | 5 |

Daily GOALS
- [ ]
- [ ]
- [ ]
- [ ]

Negative EVENTS

SYMPTOMS	TRIGGERS

Mood TRACKER

- CALM
- JOY
- NUMBNESS
- SADNESS
- FEAR
- ANGER

Notes

📅 DATE	
📍 LOCATION	
⚡ ENERGY 1 2 3 4 5	
🏃 ACTIVITY 1 2 3 4 5	
🌙 SLEEP 1 2 3 4 5	

Daily GOALS

- [ ]
- [ ]
- [ ]
- [ ]

Negative EVENTS

SYMPTOMS	TRIGGERS

Mood TRACKER

- ▢ CALM
- ▢ JOY
- ▢ NUMBNESS
- ▢ SADNESS
- ▢ FEAR
- ▢ ANGER

Notes

DATE

LOCATION

ENERGY | 1 | 2 | 3 | 4 | 5 |

ACTIVITY | 1 | 2 | 3 | 4 | 5 |

SLEEP | 1 | 2 | 3 | 4 | 5 |

Daily GOALS

- [ ]
- [ ]
- [ ]
- [ ]

Negative EVENTS

SYMPTOMS	TRIGGERS

Mood TRACKER

- CALM
- JOY
- NUMBNESS
- SADNESS
- FEAR
- ANGER

Notes

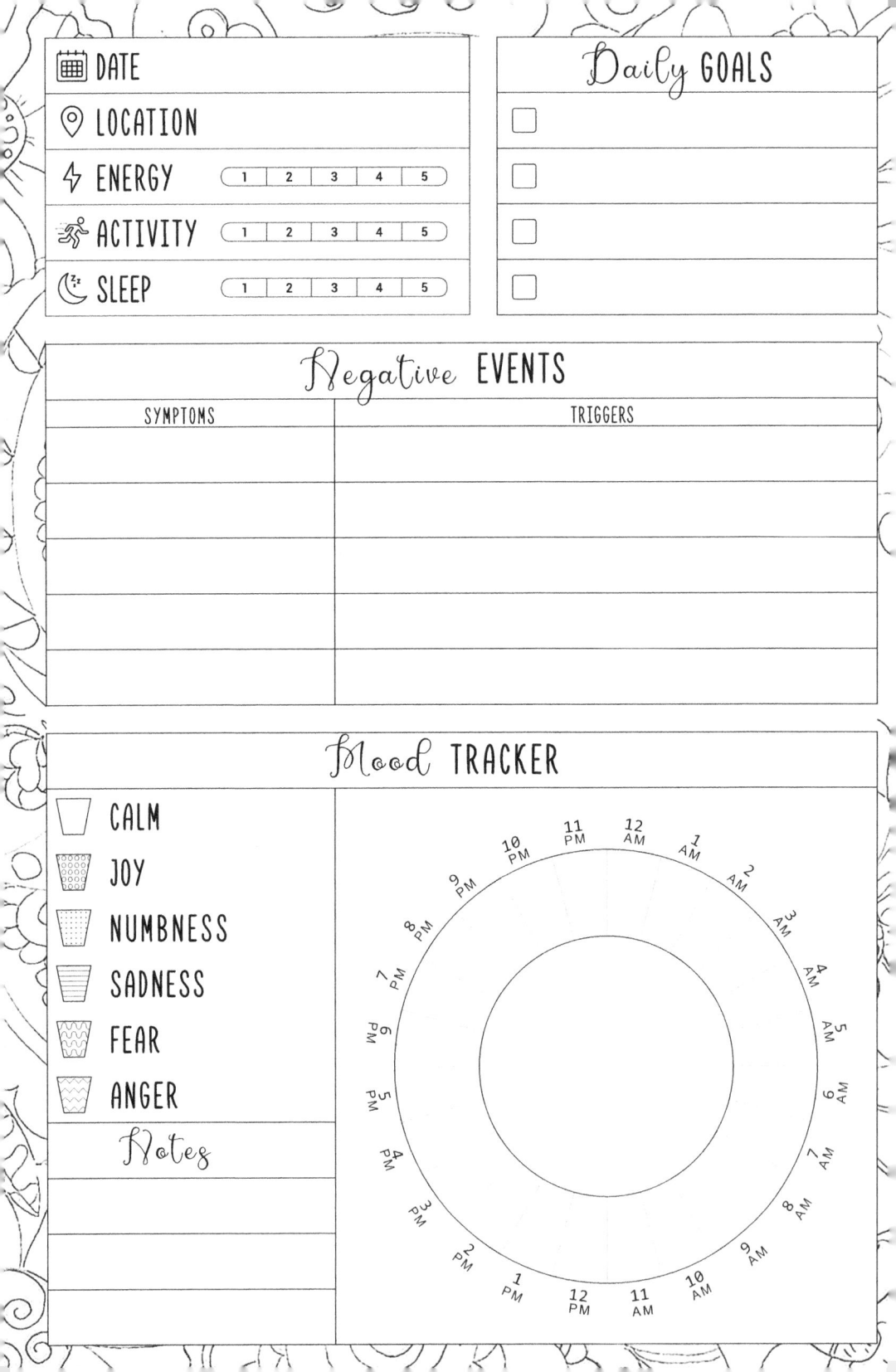

📅 DATE	
📍 LOCATION	
⚡ ENERGY	1 2 3 4 5
🏃 ACTIVITY	1 2 3 4 5
🌙 SLEEP	1 2 3 4 5

Daily GOALS

- ☐
- ☐
- ☐
- ☐

Negative EVENTS

SYMPTOMS	TRIGGERS

Mood TRACKER

- CALM
- JOY
- NUMBNESS
- SADNESS
- FEAR
- ANGER

Notes

DATE

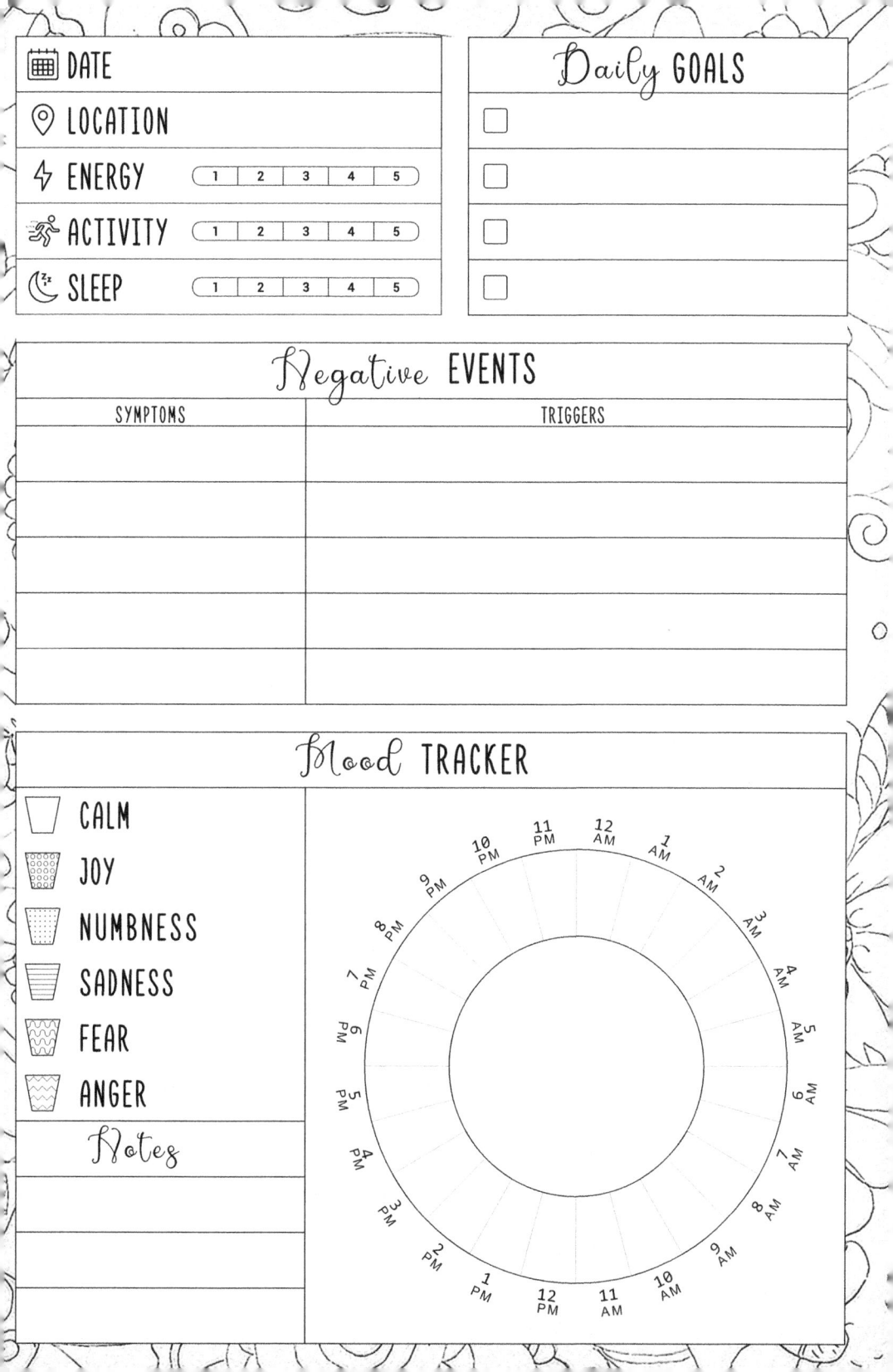

LOCATION

ENERGY 1 2 3 4 5

ACTIVITY 1 2 3 4 5

SLEEP 1 2 3 4 5

Daily GOALS

- [ ]
- [ ]
- [ ]
- [ ]

Negative EVENTS

SYMPTOMS	TRIGGERS

Mood TRACKER

- CALM
- JOY
- NUMBNESS
- SADNESS
- FEAR
- ANGER

Notes

DATE

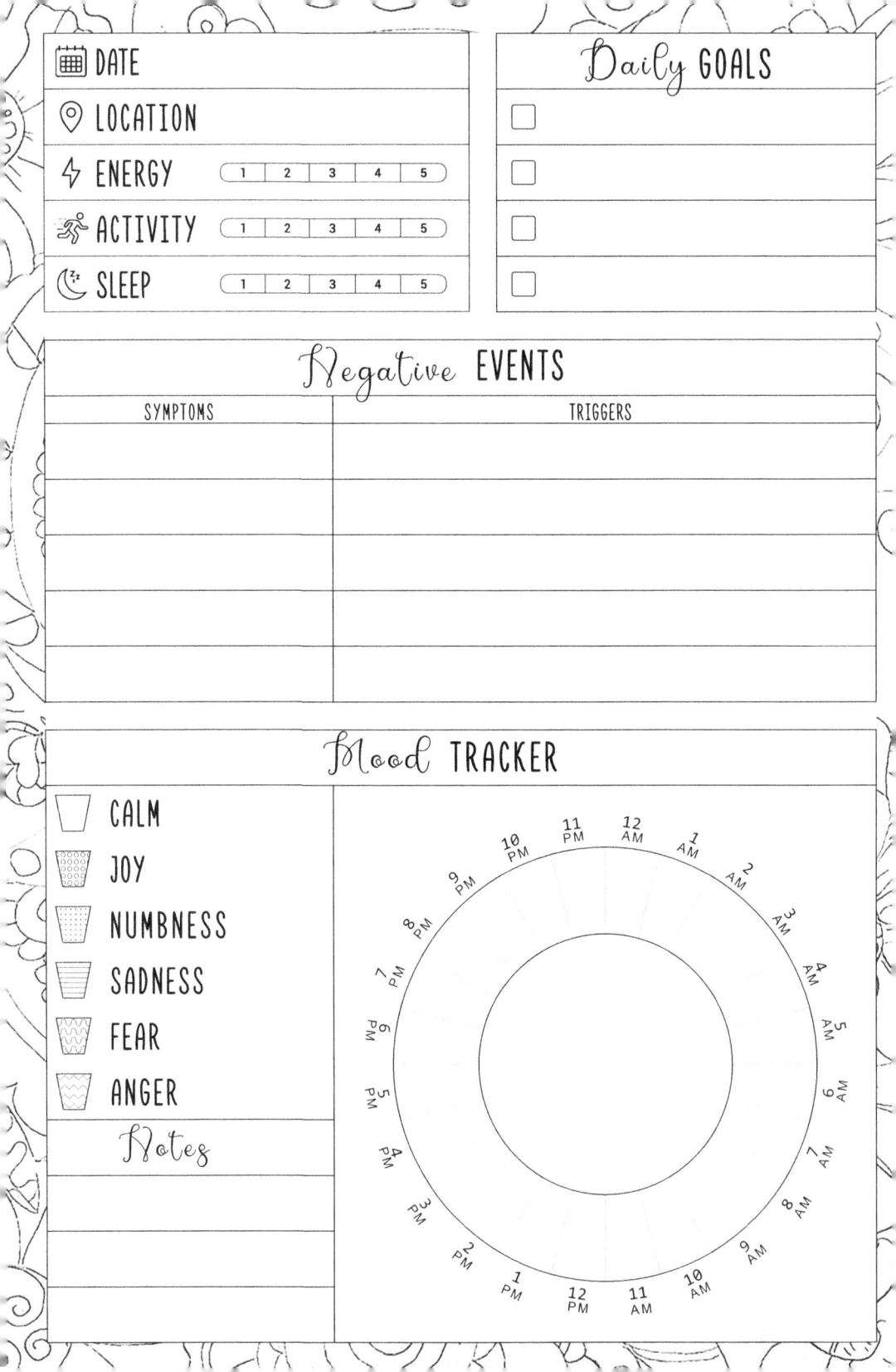

LOCATION

ENERGY | 1 | 2 | 3 | 4 | 5 |

ACTIVITY | 1 | 2 | 3 | 4 | 5 |

SLEEP | 1 | 2 | 3 | 4 | 5 |

Daily GOALS

- [ ]
- [ ]
- [ ]
- [ ]

Negative EVENTS

SYMPTOMS	TRIGGERS

Mood TRACKER

- CALM
- JOY
- NUMBNESS
- SADNESS
- FEAR
- ANGER

Notes

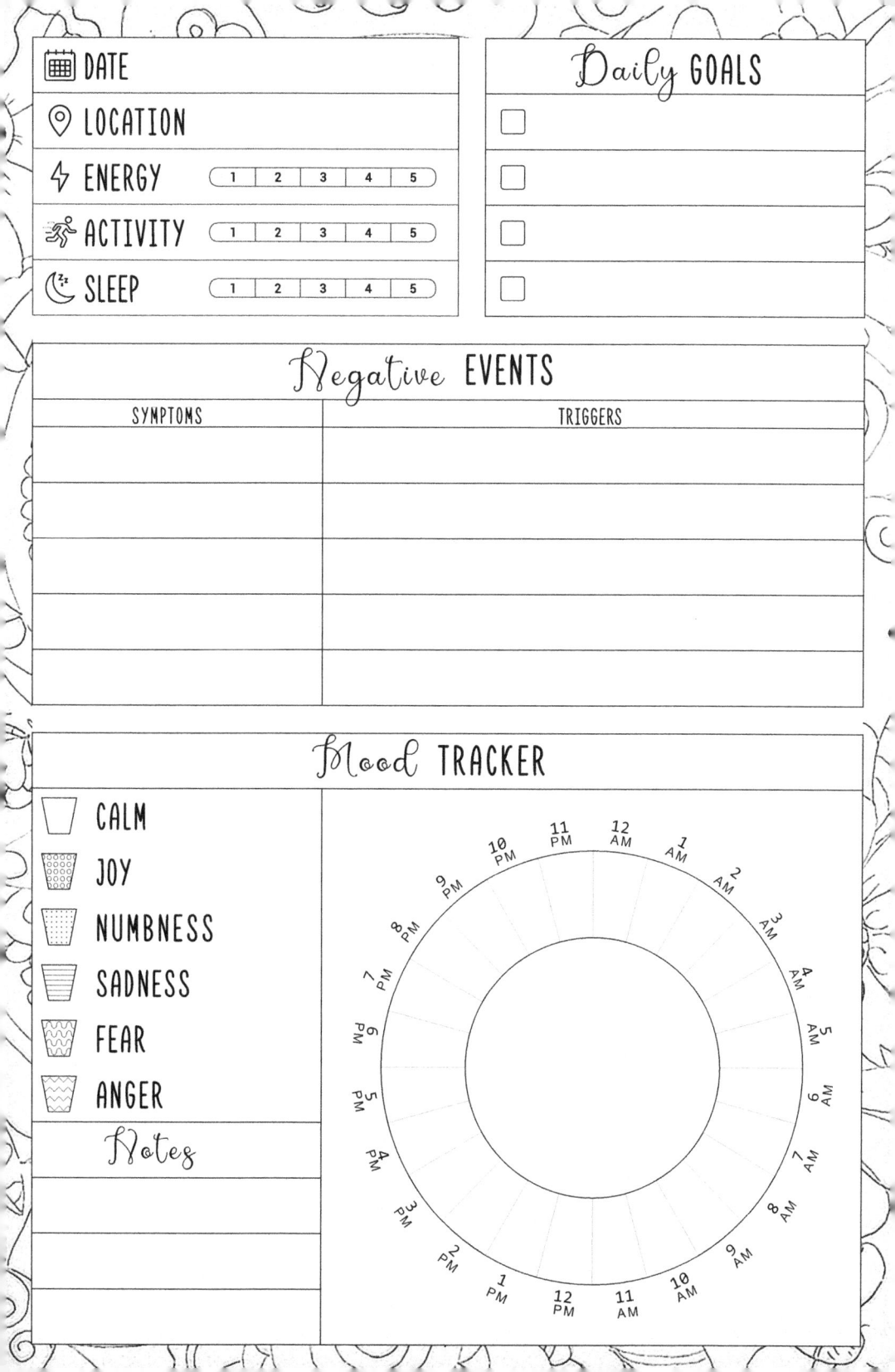

DATE
LOCATION
ENERGY 1 2 3 4 5
ACTIVITY 1 2 3 4 5
SLEEP 1 2 3 4 5

Daily GOALS
- [ ]
- [ ]
- [ ]
- [ ]

Negative EVENTS

SYMPTOMS	TRIGGERS

Mood TRACKER

- CALM
- JOY
- NUMBNESS
- SADNESS
- FEAR
- ANGER

Notes

(Clock dial: 12 AM, 1 AM, 2 AM, 3 AM, 4 AM, 5 AM, 6 AM, 7 AM, 8 AM, 9 AM, 10 AM, 11 AM, 12 PM, 1 PM, 2 PM, 3 PM, 4 PM, 5 PM, 6 PM, 7 PM, 8 PM, 9 PM, 10 PM, 11 PM)

Weekly TRACKER

WEEK OF:

TASK LIST	M	T	W	T	F	S	S

DATE

LOCATION

ENERGY 1 2 3 4 5

ACTIVITY 1 2 3 4 5

SLEEP 1 2 3 4 5

Daily GOALS

- [ ]
- [ ]
- [ ]
- [ ]

Negative EVENTS

SYMPTOMS	TRIGGERS

Mood TRACKER

CALM

JOY

NUMBNESS

SADNESS

FEAR

ANGER

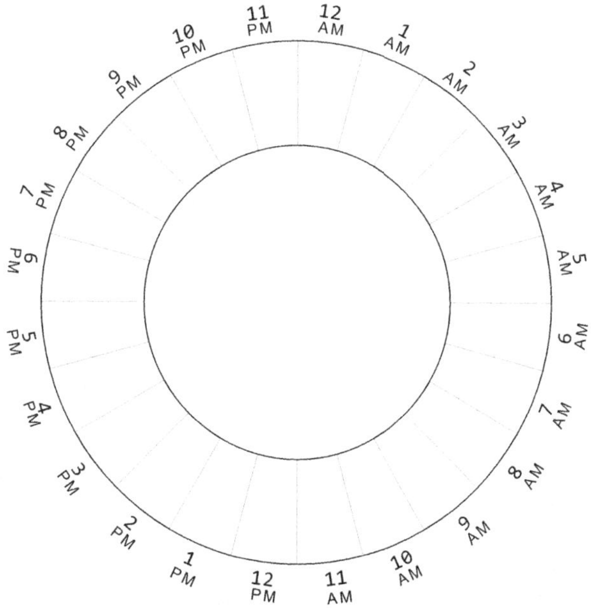

Notes

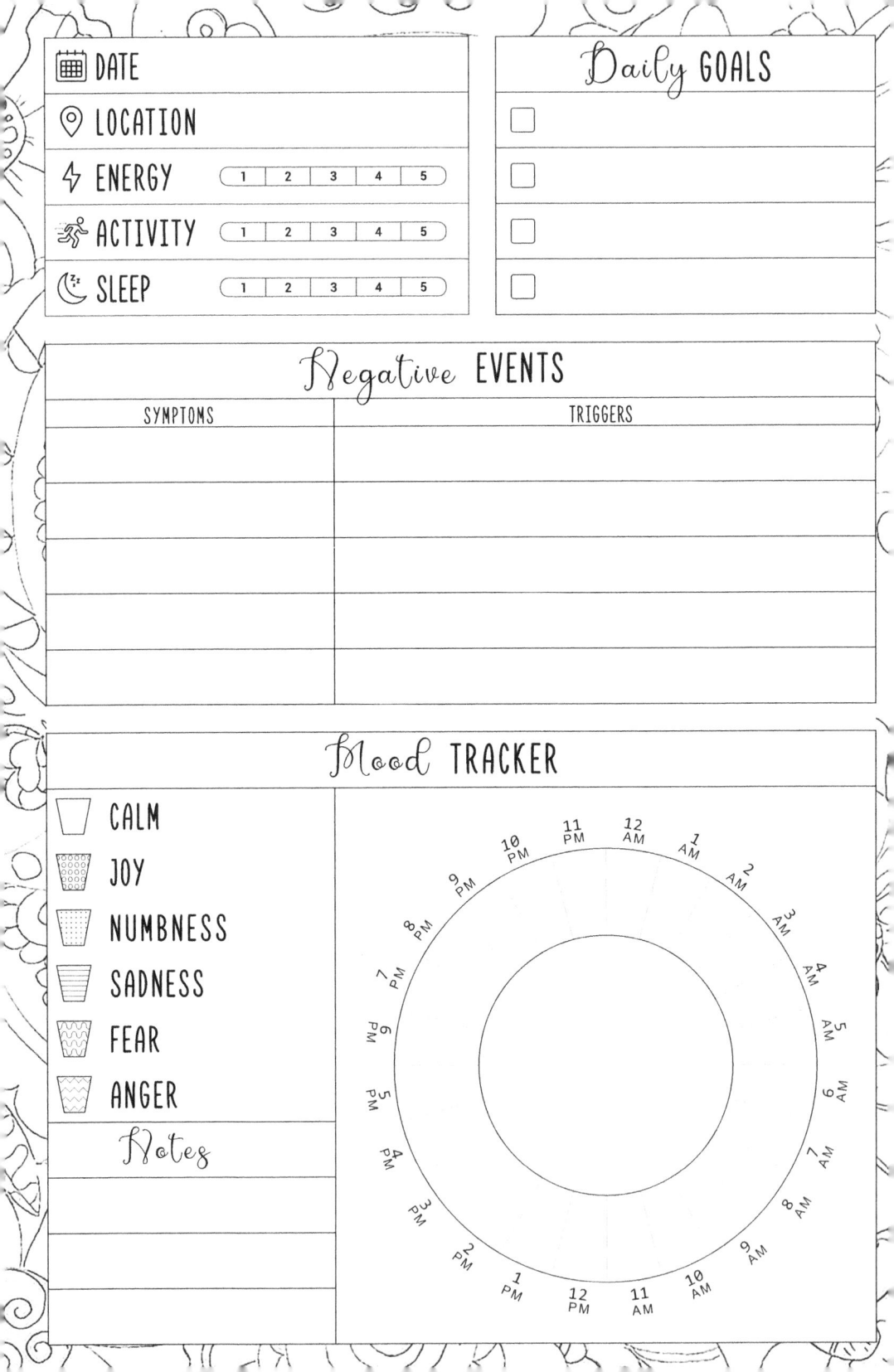

📅 DATE	
📍 LOCATION	
⚡ ENERGY	1 2 3 4 5
🏃 ACTIVITY	1 2 3 4 5
🌙 SLEEP	1 2 3 4 5

Daily GOALS

- [ ]
- [ ]
- [ ]
- [ ]

Negative EVENTS

SYMPTOMS	TRIGGERS

Mood TRACKER

- CALM
- JOY
- NUMBNESS
- SADNESS
- FEAR
- ANGER

Notes

(Clock dial: 12 AM – 11 PM)

DATE

LOCATION

ENERGY | 1 | 2 | 3 | 4 | 5 |

ACTIVITY | 1 | 2 | 3 | 4 | 5 |

SLEEP | 1 | 2 | 3 | 4 | 5 |

Daily GOALS

- ☐
- ☐
- ☐
- ☐

Negative EVENTS

SYMPTOMS	TRIGGERS

Mood TRACKER

- CALM
- JOY
- NUMBNESS
- SADNESS
- FEAR
- ANGER

Notes

DATE
LOCATION
ENERGY | 1 | 2 | 3 | 4 | 5 |
ACTIVITY | 1 | 2 | 3 | 4 | 5 |
SLEEP | 1 | 2 | 3 | 4 | 5 |

Daily GOALS
- [ ]
- [ ]
- [ ]
- [ ]

Negative EVENTS

SYMPTOMS	TRIGGERS

Mood TRACKER

- CALM
- JOY
- NUMBNESS
- SADNESS
- FEAR
- ANGER

Notes

Hours: 12 AM, 1 AM, 2 AM, 3 AM, 4 AM, 5 AM, 6 AM, 7 AM, 8 AM, 9 AM, 10 AM, 11 AM, 12 PM, 1 PM, 2 PM, 3 PM, 4 PM, 5 PM, 6 PM, 7 PM, 8 PM, 9 PM, 10 PM, 11 PM

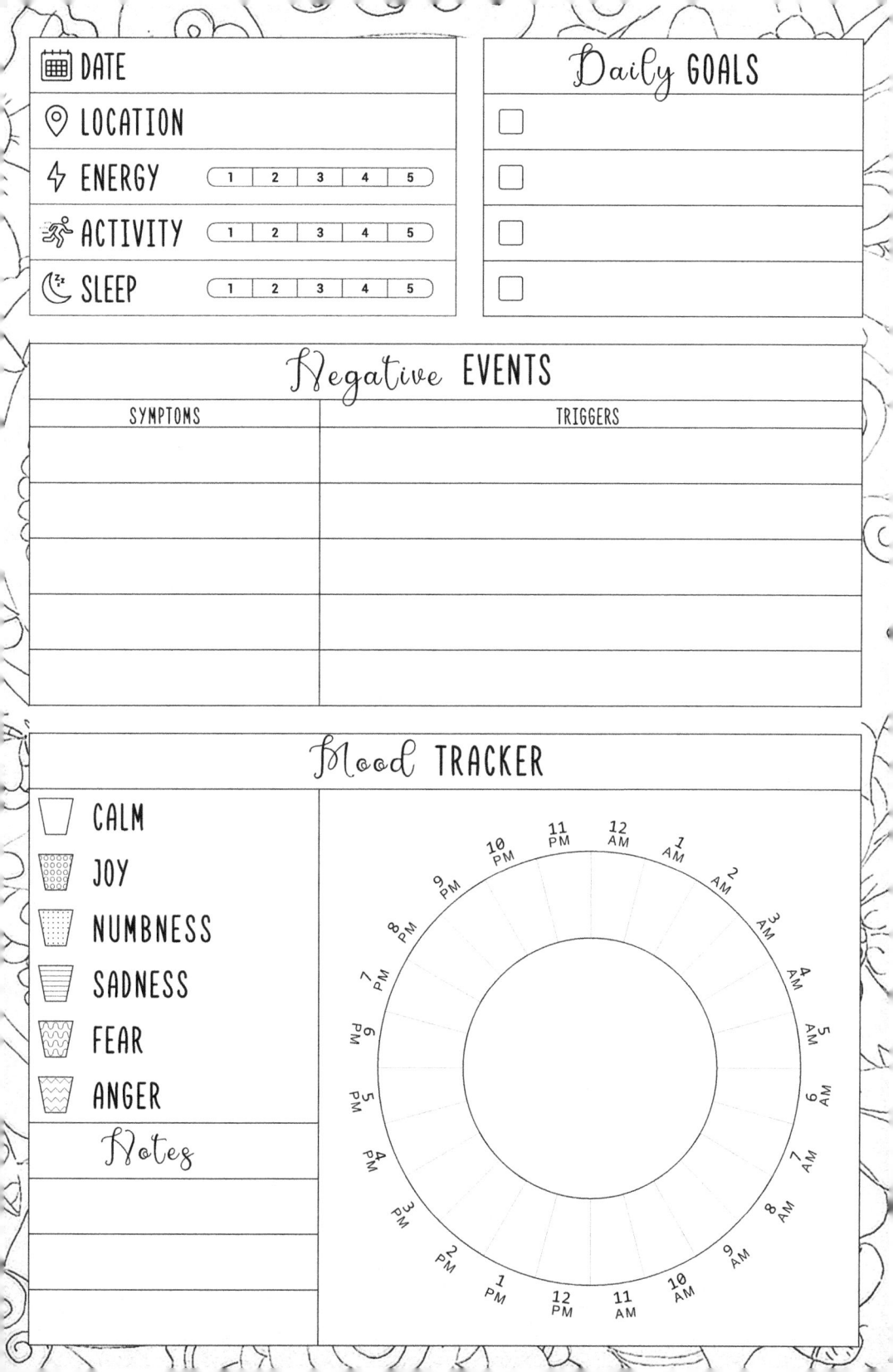

DATE
LOCATION
ENERGY | 1 | 2 | 3 | 4 | 5
ACTIVITY | 1 | 2 | 3 | 4 | 5
SLEEP | 1 | 2 | 3 | 4 | 5

Daily GOALS
- [ ]
- [ ]
- [ ]
- [ ]

Negative EVENTS

SYMPTOMS	TRIGGERS

Mood TRACKER

- CALM
- JOY
- NUMBNESS
- SADNESS
- FEAR
- ANGER

Notes

(Clock: 12 AM, 1 AM, 2 AM, 3 AM, 4 AM, 5 AM, 6 AM, 7 AM, 8 AM, 9 AM, 10 AM, 11 AM, 12 PM, 1 PM, 2 PM, 3 PM, 4 PM, 5 PM, 6 PM, 7 PM, 8 PM, 9 PM, 10 PM, 11 PM)

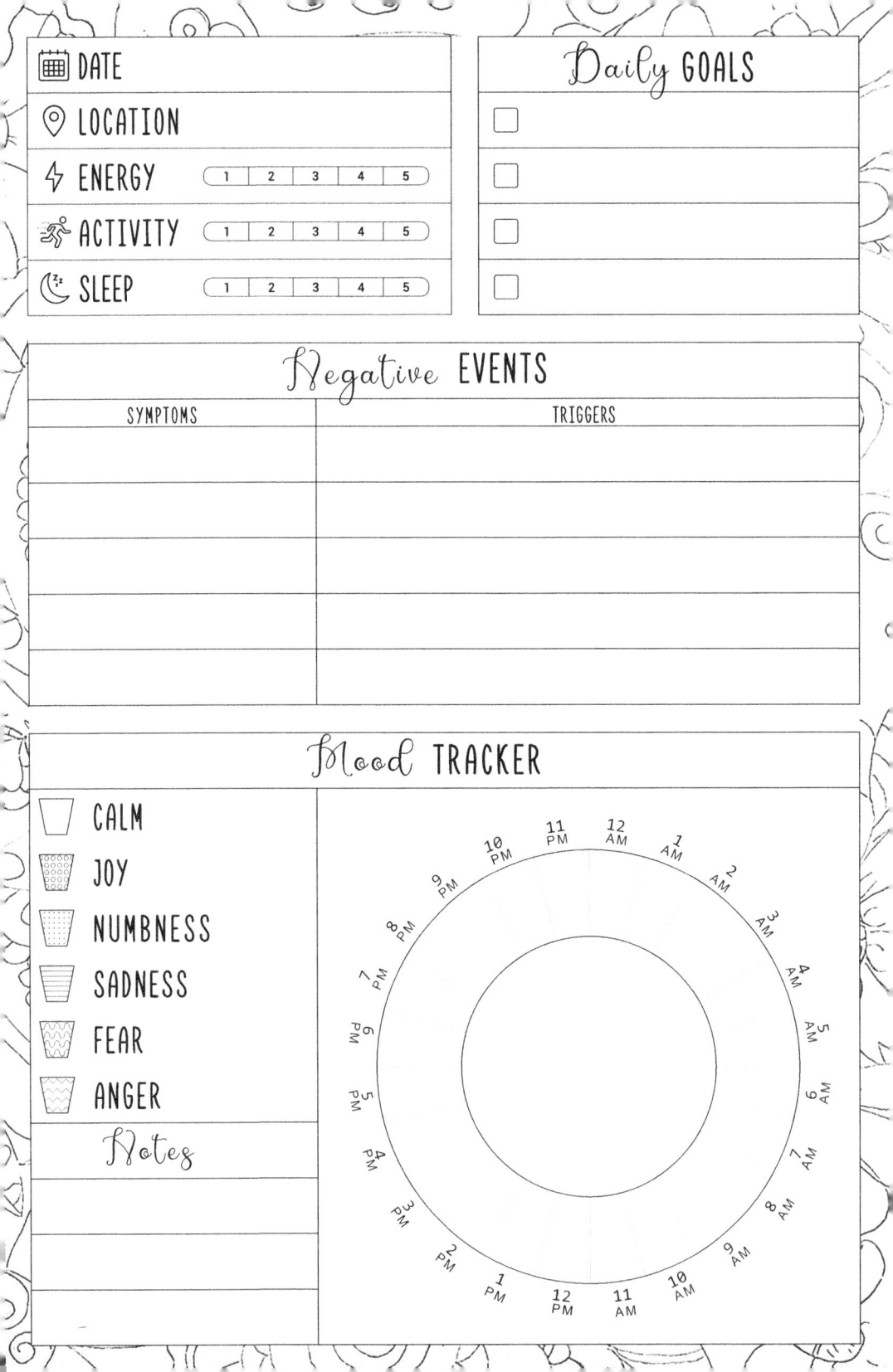

DATE
LOCATION
ENERGY 1 2 3 4 5
ACTIVITY 1 2 3 4 5
SLEEP 1 2 3 4 5

Daily GOALS
- [ ]
- [ ]
- [ ]
- [ ]

Negative EVENTS

SYMPTOMS	TRIGGERS

Mood TRACKER

- CALM
- JOY
- NUMBNESS
- SADNESS
- FEAR
- ANGER

Notes

- 📅 DATE
- 📍 LOCATION
- ⚡ ENERGY | 1 | 2 | 3 | 4 | 5 |
- 🏃 ACTIVITY | 1 | 2 | 3 | 4 | 5 |
- 🌙 SLEEP | 1 | 2 | 3 | 4 | 5 |

Daily GOALS

- [ ]
- [ ]
- [ ]
- [ ]

Negative EVENTS

SYMPTOMS	TRIGGERS

Mood TRACKER

- CALM
- JOY
- NUMBNESS
- SADNESS
- FEAR
- ANGER

Notes

Weekly TRACKER

WEEK OF:

TASK LIST	M	T	W	T	F	S	S

DATE

LOCATION

ENERGY | 1 | 2 | 3 | 4 | 5

ACTIVITY | 1 | 2 | 3 | 4 | 5

SLEEP | 1 | 2 | 3 | 4 | 5

Daily GOALS

- [ ]
- [ ]
- [ ]
- [ ]

Negative EVENTS

SYMPTOMS	TRIGGERS

Mood TRACKER

- CALM
- JOY
- NUMBNESS
- SADNESS
- FEAR
- ANGER

Notes

DATE

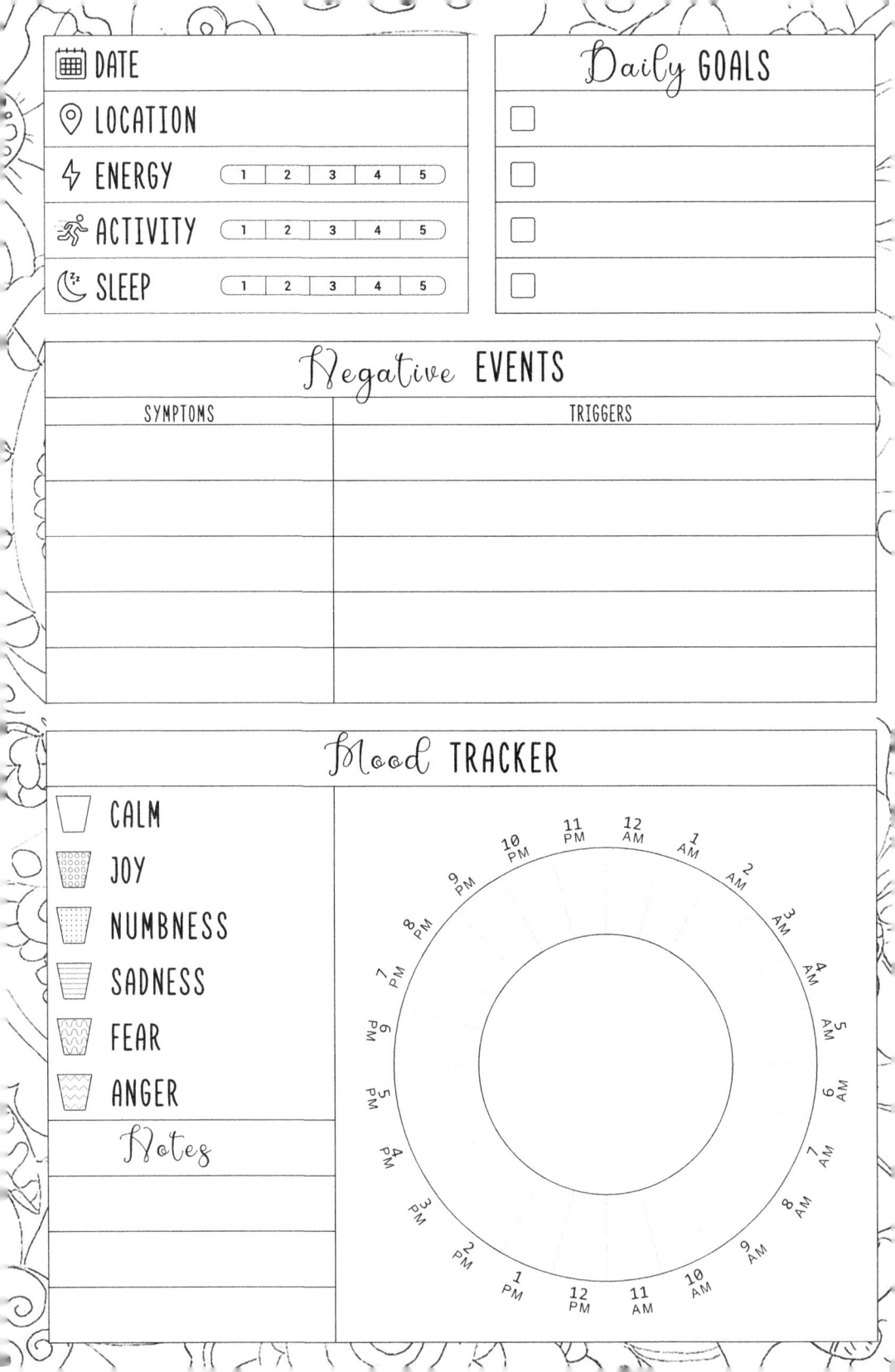

LOCATION

ENERGY 1 2 3 4 5

ACTIVITY 1 2 3 4 5

SLEEP 1 2 3 4 5

Daily GOALS

- [ ]
- [ ]
- [ ]
- [ ]

Negative EVENTS

SYMPTOMS	TRIGGERS

Mood TRACKER

- CALM
- JOY
- NUMBNESS
- SADNESS
- FEAR
- ANGER

Notes

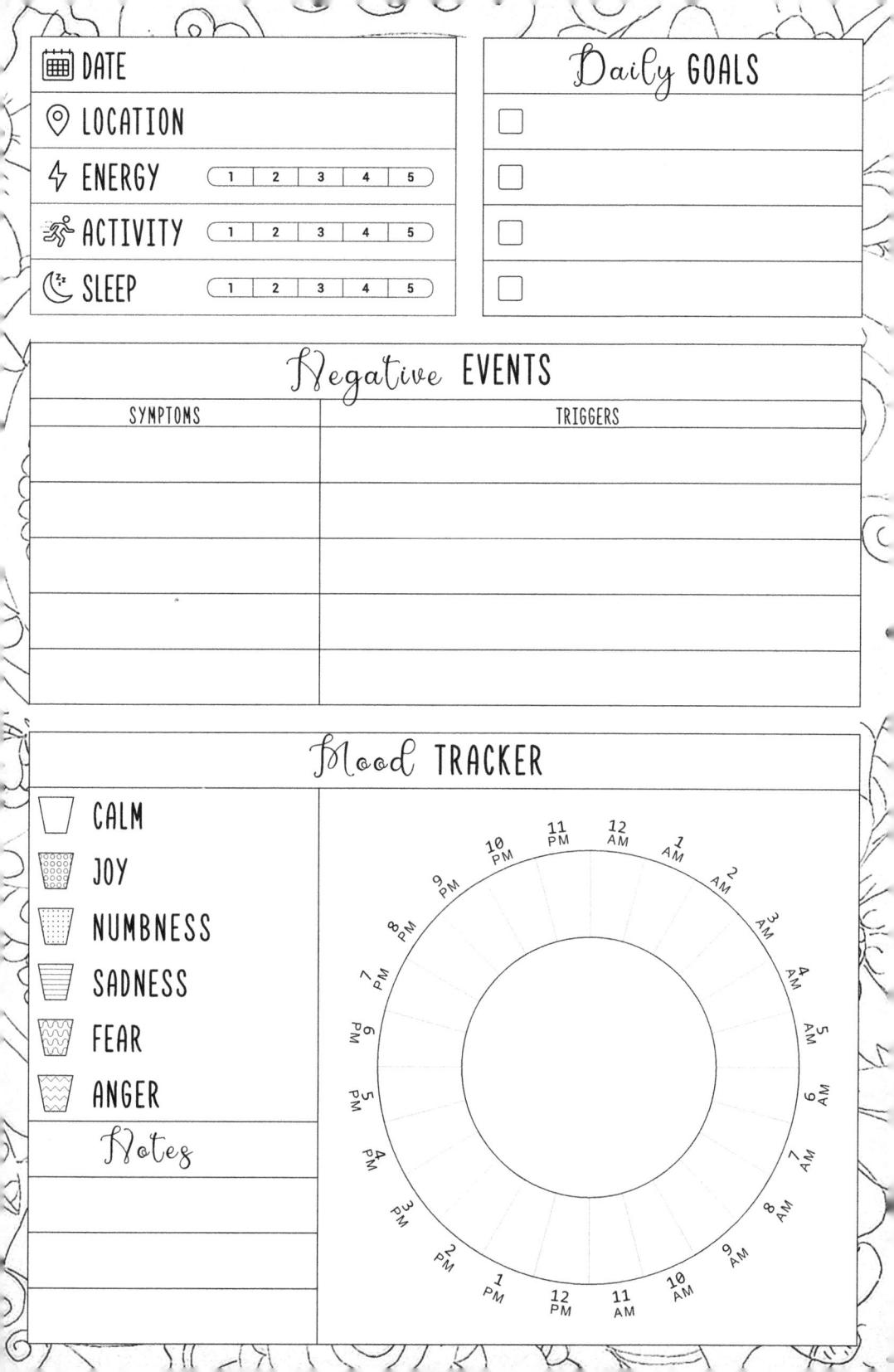

DATE
LOCATION
ENERGY | 1 | 2 | 3 | 4 | 5 |
ACTIVITY | 1 | 2 | 3 | 4 | 5 |
SLEEP | 1 | 2 | 3 | 4 | 5 |

Daily GOALS
- [ ]
- [ ]
- [ ]
- [ ]

Negative EVENTS

SYMPTOMS	TRIGGERS

Mood TRACKER

- CALM
- JOY
- NUMBNESS
- SADNESS
- FEAR
- ANGER

Notes

DATE
LOCATION
ENERGY
| 1 | 2 | 3 | 4 | 5 |
ACTIVITY
| 1 | 2 | 3 | 4 | 5 |
SLEEP
| 1 | 2 | 3 | 4 | 5 |

Daily GOALS
- [ ]
- [ ]
- [ ]
- [ ]

Negative EVENTS

SYMPTOMS	TRIGGERS

Mood TRACKER

- CALM
- JOY
- NUMBNESS
- SADNESS
- FEAR
- ANGER

(Clock dial: 12 AM, 1 AM, 2 AM, 3 AM, 4 AM, 5 AM, 6 AM, 7 AM, 8 AM, 9 AM, 10 AM, 11 AM, 12 PM, 1 PM, 2 PM, 3 PM, 4 PM, 5 PM, 6 PM, 7 PM, 8 PM, 9 PM, 10 PM, 11 PM)

Notes

📅 DATE	
📍 LOCATION	
⚡ ENERGY	1 2 3 4 5
🏃 ACTIVITY	1 2 3 4 5
🌙 SLEEP	1 2 3 4 5

Daily GOALS

- ☐
- ☐
- ☐
- ☐

Negative EVENTS

SYMPTOMS	TRIGGERS

Mood TRACKER

- ▢ CALM
- ▢ JOY
- ▢ NUMBNESS
- ▢ SADNESS
- ▢ FEAR
- ▢ ANGER

Notes

(Clock dial: 12 AM, 1 AM, 2 AM, 3 AM, 4 AM, 5 AM, 6 AM, 7 AM, 8 AM, 9 AM, 10 AM, 11 AM, 12 PM, 1 PM, 2 PM, 3 PM, 4 PM, 5 PM, 6 PM, 7 PM, 8 PM, 9 PM, 10 PM, 11 PM)

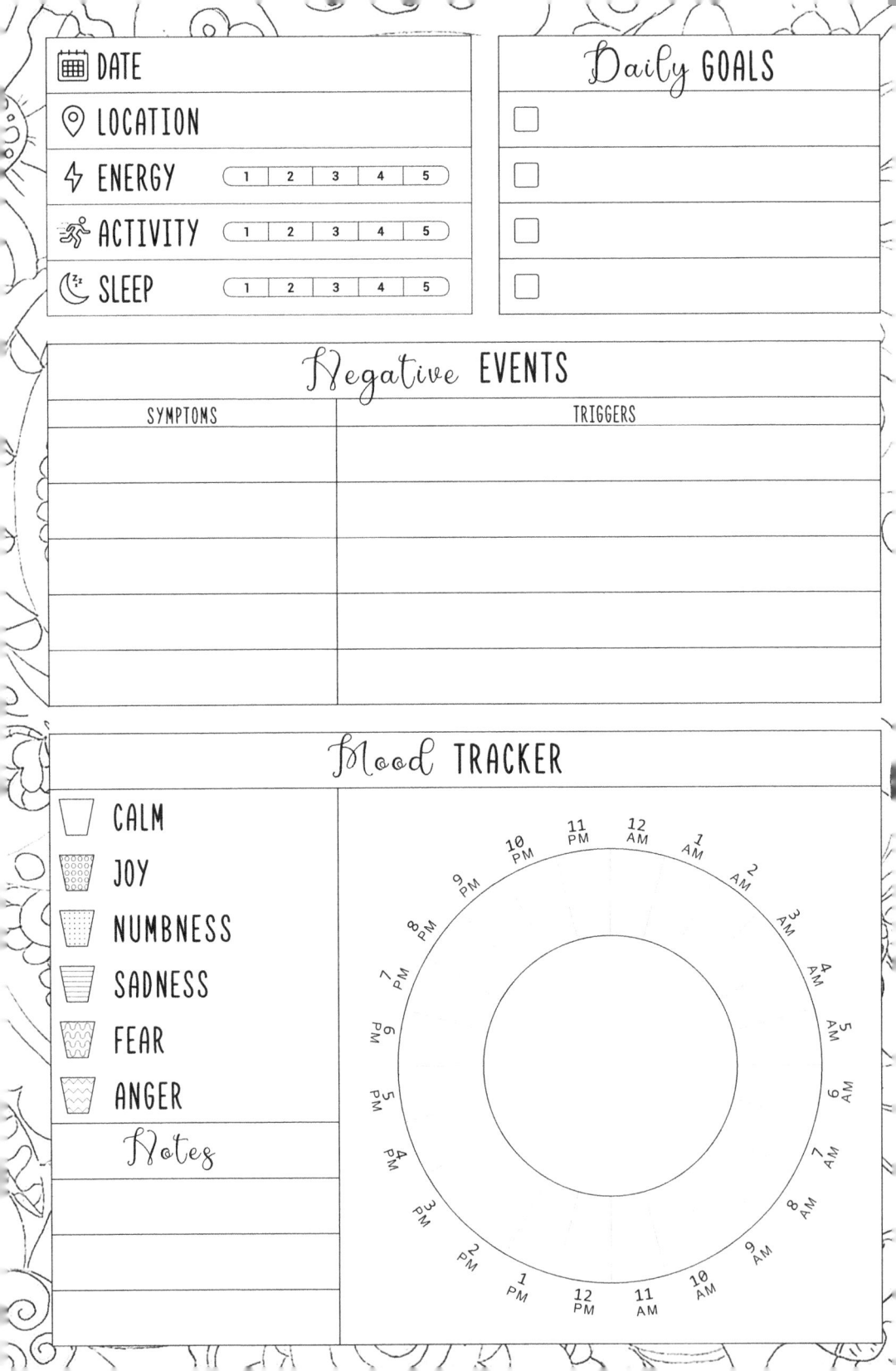

📅 DATE						
📍 LOCATION						
⚡ ENERGY		1	2	3	4	5
🏃 ACTIVITY		1	2	3	4	5
🌙 SLEEP		1	2	3	4	5

Daily GOALS

- ☐
- ☐
- ☐
- ☐

Negative EVENTS

SYMPTOMS	TRIGGERS

Mood TRACKER

- CALM
- JOY
- NUMBNESS
- SADNESS
- FEAR
- ANGER

Notes

DATE

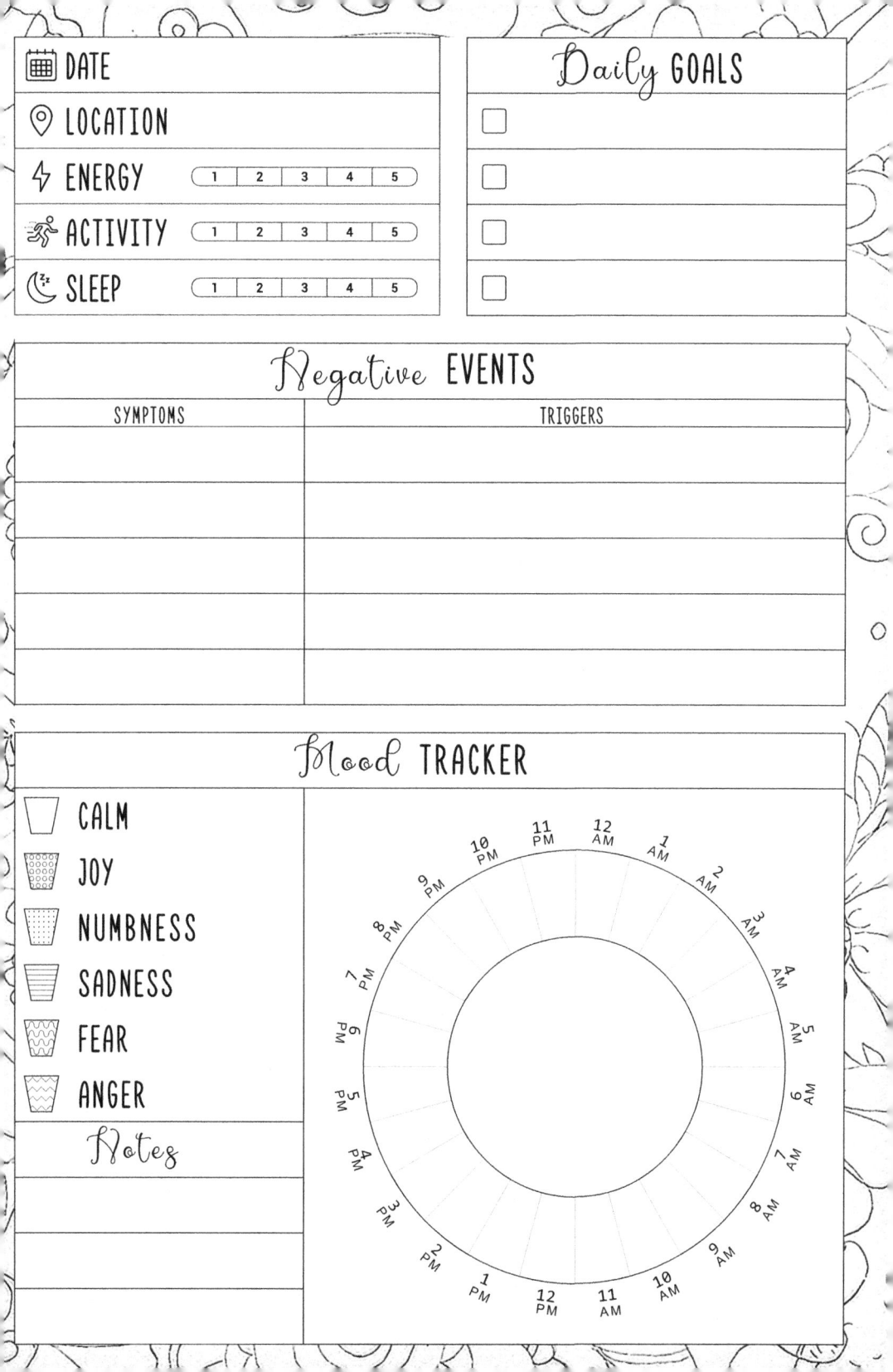

LOCATION

ENERGY 1 2 3 4 5

ACTIVITY 1 2 3 4 5

SLEEP 1 2 3 4 5

Daily GOALS

- [ ]
- [ ]
- [ ]
- [ ]

Negative EVENTS

SYMPTOMS	TRIGGERS

Mood TRACKER

- CALM
- JOY
- NUMBNESS
- SADNESS
- FEAR
- ANGER

Notes

Weekly Tracker

WEEK OF:

TASK LIST	M	T	W	T	F	S	S

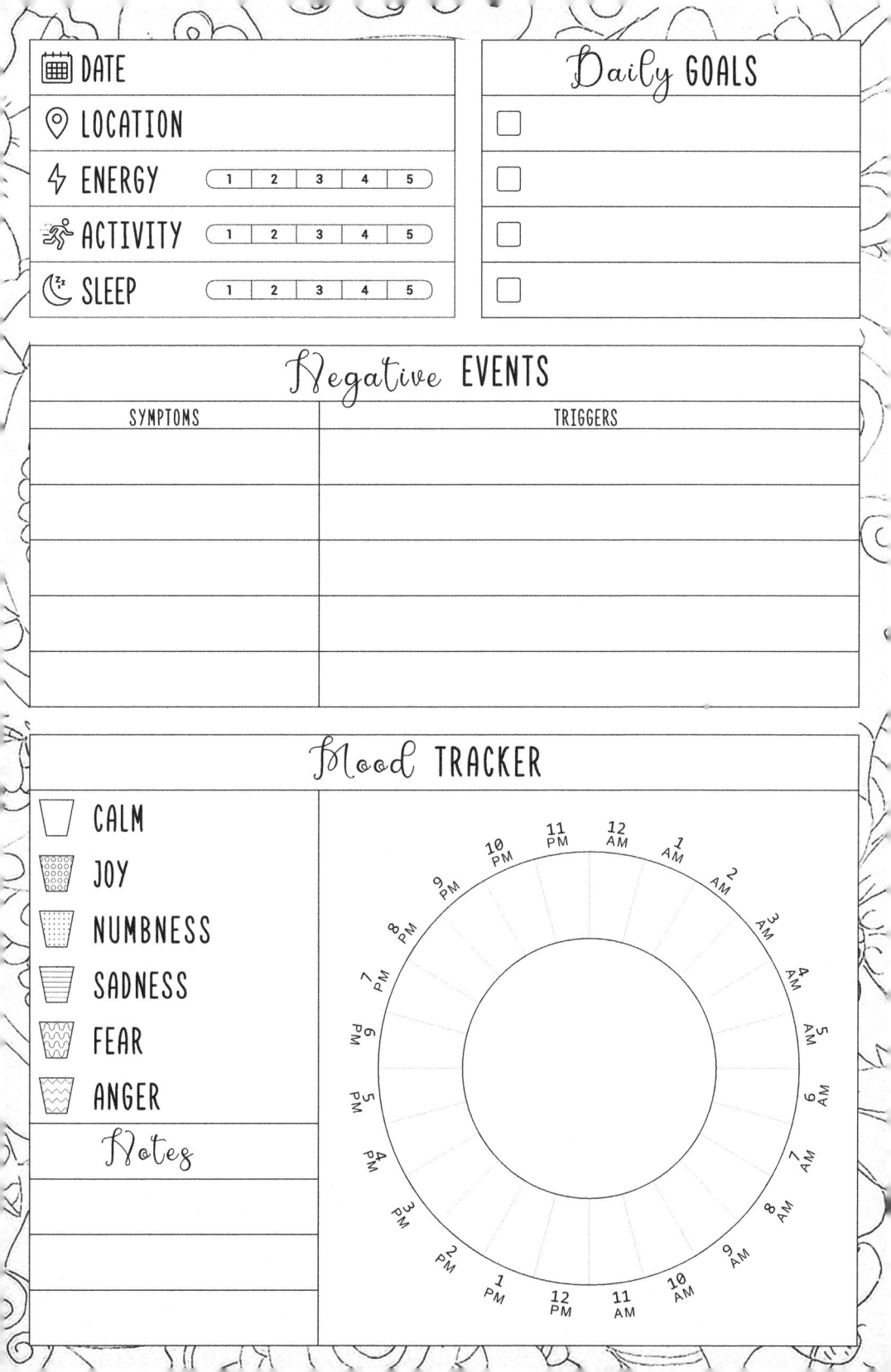

DATE
LOCATION
ENERGY
| 1 | 2 | 3 | 4 | 5 |
ACTIVITY
| 1 | 2 | 3 | 4 | 5 |
SLEEP
| 1 | 2 | 3 | 4 | 5 |

Daily GOALS
- ☐
- ☐
- ☐
- ☐

Negative EVENTS

SYMPTOMS	TRIGGERS

Mood TRACKER

- CALM
- JOY
- NUMBNESS
- SADNESS
- FEAR
- ANGER

Notes

(Clock dial: 12 AM, 1 AM, 2 AM, 3 AM, 4 AM, 5 AM, 6 AM, 7 AM, 8 AM, 9 AM, 10 AM, 11 AM, 12 PM, 1 PM, 2 PM, 3 PM, 4 PM, 5 PM, 6 PM, 7 PM, 8 PM, 9 PM, 10 PM, 11 PM)

DATE
LOCATION
ENERGY | 1 | 2 | 3 | 4 | 5 |
ACTIVITY | 1 | 2 | 3 | 4 | 5 |
SLEEP | 1 | 2 | 3 | 4 | 5 |

Daily GOALS
- [ ]
- [ ]
- [ ]
- [ ]

Negative EVENTS

SYMPTOMS	TRIGGERS

Mood TRACKER

- CALM
- JOY
- NUMBNESS
- SADNESS
- FEAR
- ANGER

Notes

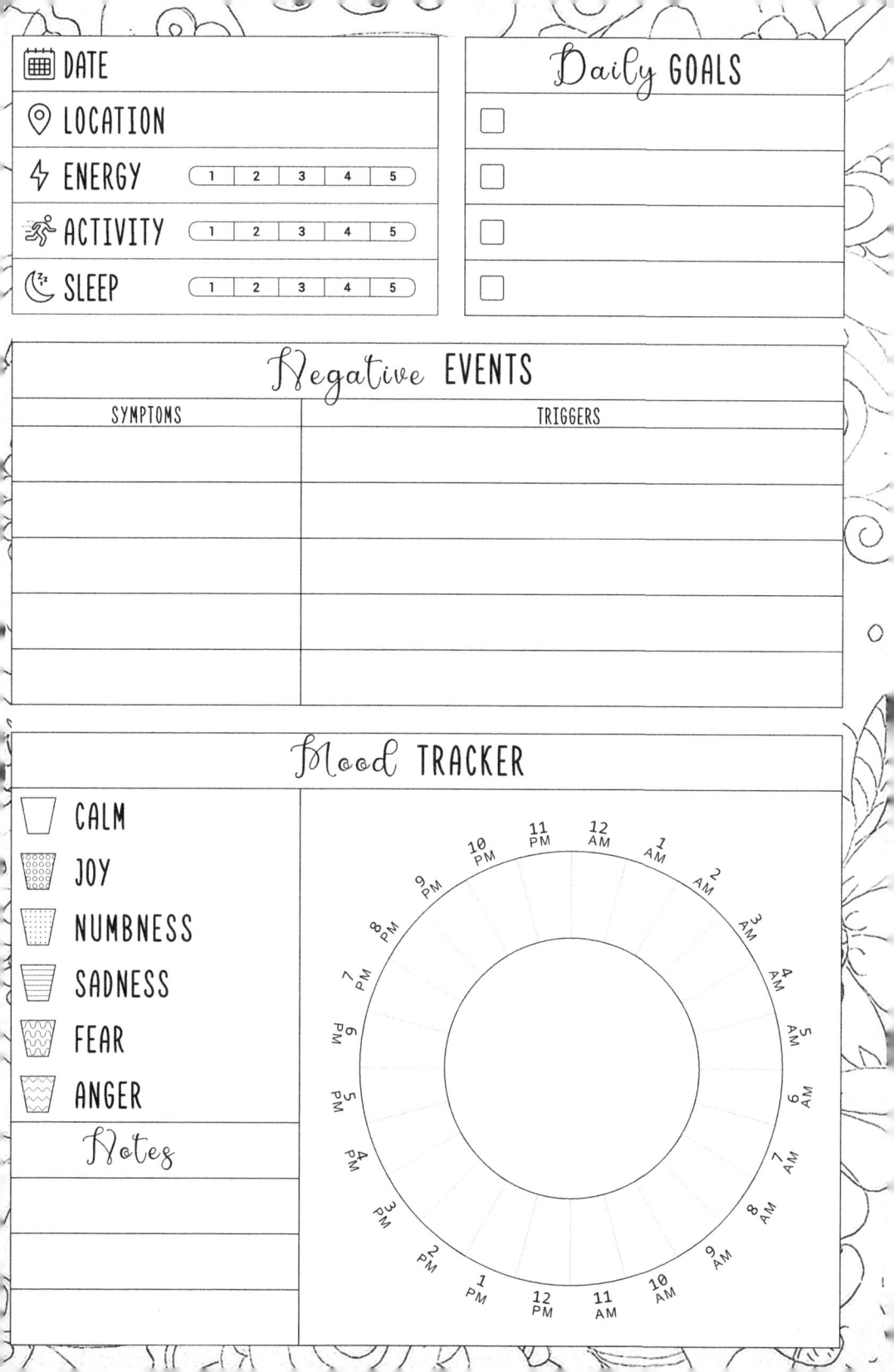

- 📅 DATE
- 📍 LOCATION
- ⚡ ENERGY 1 2 3 4 5
- 🏃 ACTIVITY 1 2 3 4 5
- 🌙 SLEEP 1 2 3 4 5

Daily GOALS
- ☐
- ☐
- ☐
- ☐

Negative EVENTS

SYMPTOMS	TRIGGERS

Mood TRACKER

- CALM
- JOY
- NUMBNESS
- SADNESS
- FEAR
- ANGER

Notes

12 AM · 1 AM · 2 AM · 3 AM · 4 AM · 5 AM · 6 AM · 7 AM · 8 AM · 9 AM · 10 AM · 11 AM · 12 PM · 1 PM · 2 PM · 3 PM · 4 PM · 5 PM · 6 PM · 7 PM · 8 PM · 9 PM · 10 PM · 11 PM

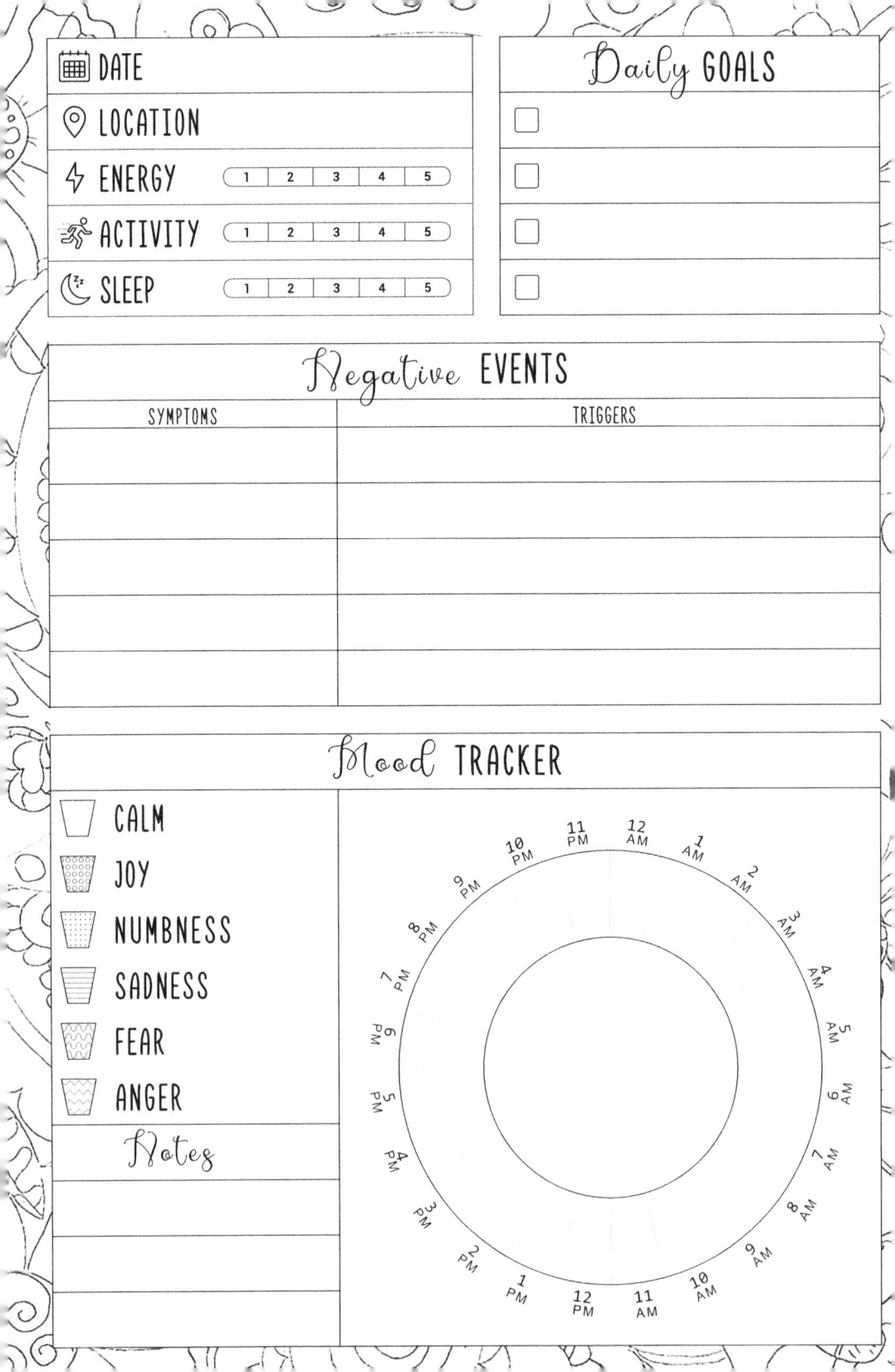

📅 DATE							Daily GOALS	
📍 LOCATION							☐	
⚡ ENERGY	1	2	3	4	5		☐	
🏃 ACTIVITY	1	2	3	4	5		☐	
🌙 SLEEP	1	2	3	4	5		☐	

Negative EVENTS

SYMPTOMS	TRIGGERS

Mood TRACKER

- CALM
- JOY
- NUMBNESS
- SADNESS
- FEAR
- ANGER

Notes

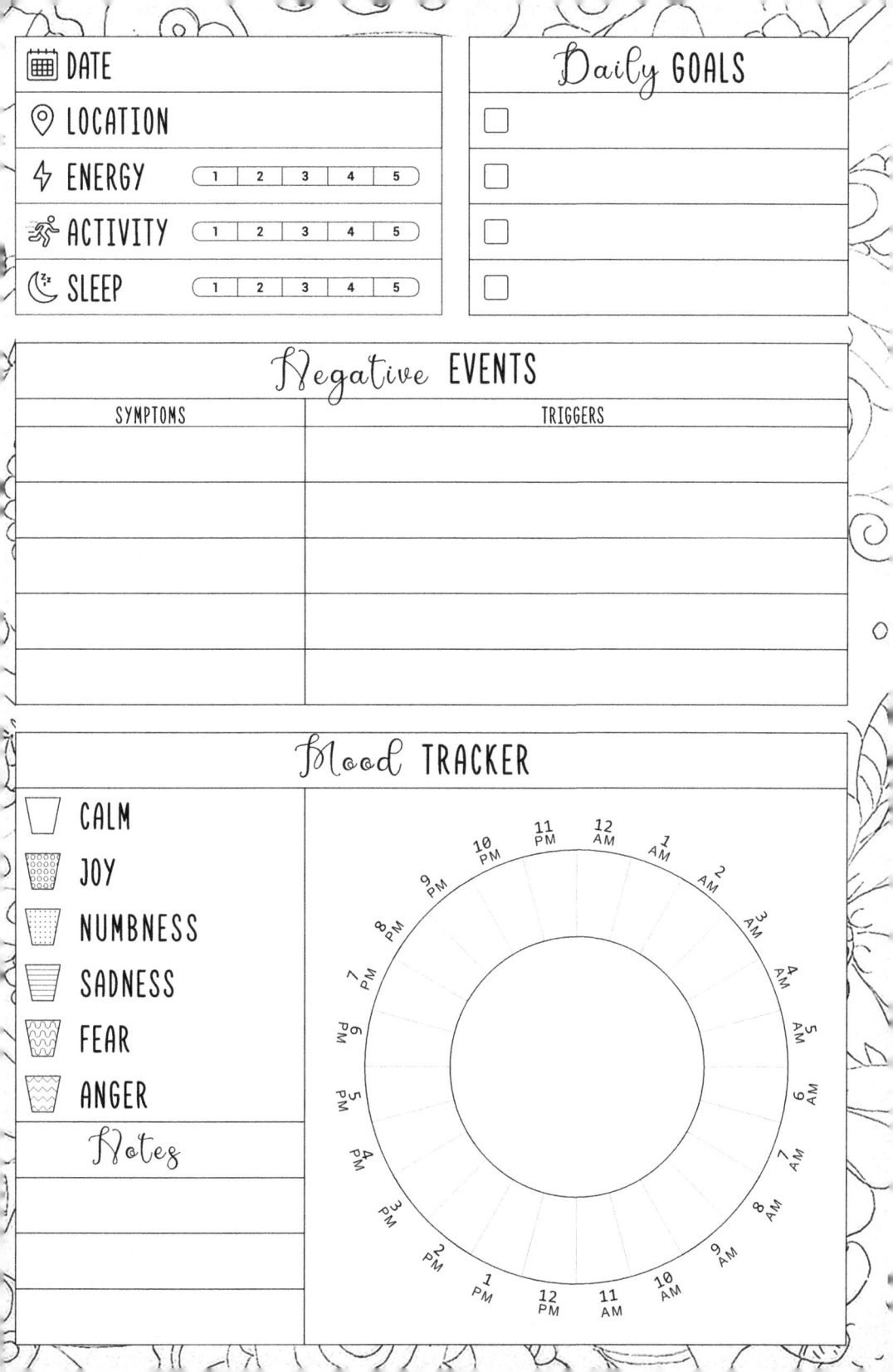

📅 DATE	
📍 LOCATION	
⚡ ENERGY	1 2 3 4 5
🏃 ACTIVITY	1 2 3 4 5
🌙 SLEEP	1 2 3 4 5

Daily GOALS

- ☐
- ☐
- ☐
- ☐

Negative EVENTS

SYMPTOMS	TRIGGERS

Mood TRACKER

- 🪣 CALM
- 🪣 JOY
- 🪣 NUMBNESS
- 🪣 SADNESS
- 🪣 FEAR
- 🪣 ANGER

Notes

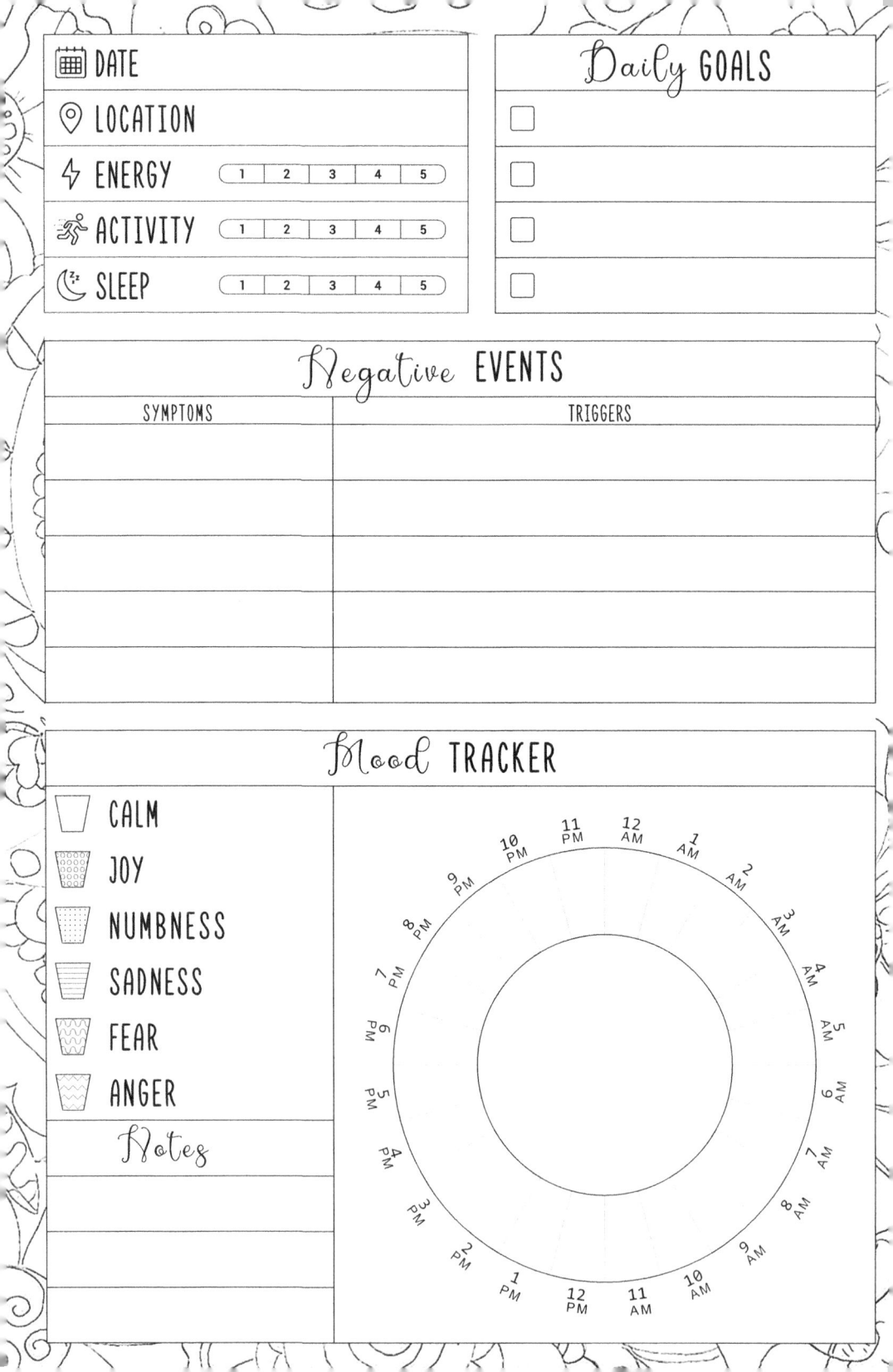

DATE
LOCATION
ENERGY | 1 | 2 | 3 | 4 | 5
ACTIVITY | 1 | 2 | 3 | 4 | 5
SLEEP | 1 | 2 | 3 | 4 | 5

Daily GOALS
- [ ]
- [ ]
- [ ]
- [ ]

Negative EVENTS

SYMPTOMS	TRIGGERS

Mood TRACKER

- CALM
- JOY
- NUMBNESS
- SADNESS
- FEAR
- ANGER

Notes

Clock: 12 AM, 1 AM, 2 AM, 3 AM, 4 AM, 5 AM, 6 AM, 7 AM, 8 AM, 9 AM, 10 AM, 11 AM, 12 PM, 1 PM, 2 PM, 3 PM, 4 PM, 5 PM, 6 PM, 7 PM, 8 PM, 9 PM, 10 PM, 11 PM

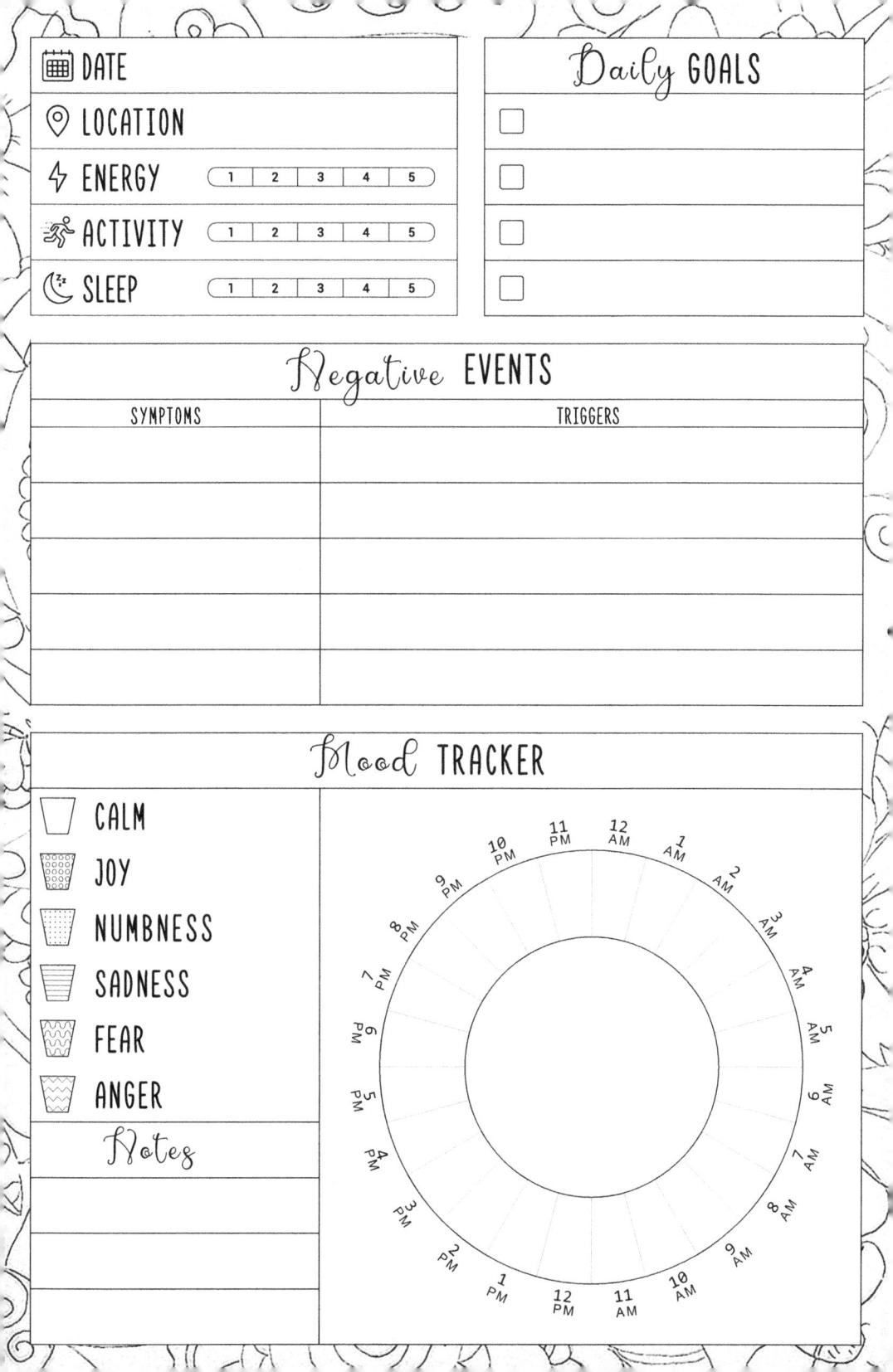

📅 DATE	
📍 LOCATION	
⚡ ENERGY	1 2 3 4 5
🏃 ACTIVITY	1 2 3 4 5
🌙 SLEEP	1 2 3 4 5

Daily GOALS

- ☐
- ☐
- ☐
- ☐

Negative EVENTS

SYMPTOMS	TRIGGERS

Mood TRACKER

- ☐ CALM
- ☐ JOY
- ☐ NUMBNESS
- ☐ SADNESS
- ☐ FEAR
- ☐ ANGER

(Clock wheel: 12 AM, 1 AM, 2 AM, 3 AM, 4 AM, 5 AM, 6 AM, 7 AM, 8 AM, 9 AM, 10 AM, 11 AM, 12 PM, 1 PM, 2 PM, 3 PM, 4 PM, 5 PM, 6 PM, 7 PM, 8 PM, 9 PM, 10 PM, 11 PM)

Notes

Weekly TRACKER

WEEK OF:

TASK LIST	M	T	W	T	F	S	S
☐							
☐							
☐							
☐							
☐							
☐							
☐							
☐							
☐							
☐							
☐							
☐							
☐							
☐							
☐							
☐							
☐							
☐							
☐							
☐							
☐							
☐							
☐							
☐							
☐							

Month IN REVIEW

MONTH OF:

Progress I HAVE MADE THIS MONTH

What DID I MISS? How I CAN DO BETTER NEXT MONTH?

Day 1									
Day 2									
Day 3									
Day 4									
Day 5									
Day 6									
Day 7									
Day 8									
Day 9									
Day 10									
Day 11									
Day 12									
Day 13									
Day 14									
Day 15									
Day 16									
Day 17									
Day 18									
Day 19									
Day 20									
Day 21									
Day 22									
Day 23									
Day 24									
Day 25									
Day 26									
Day 27									
Day 28									
Day 29									
Day 30									

DATE

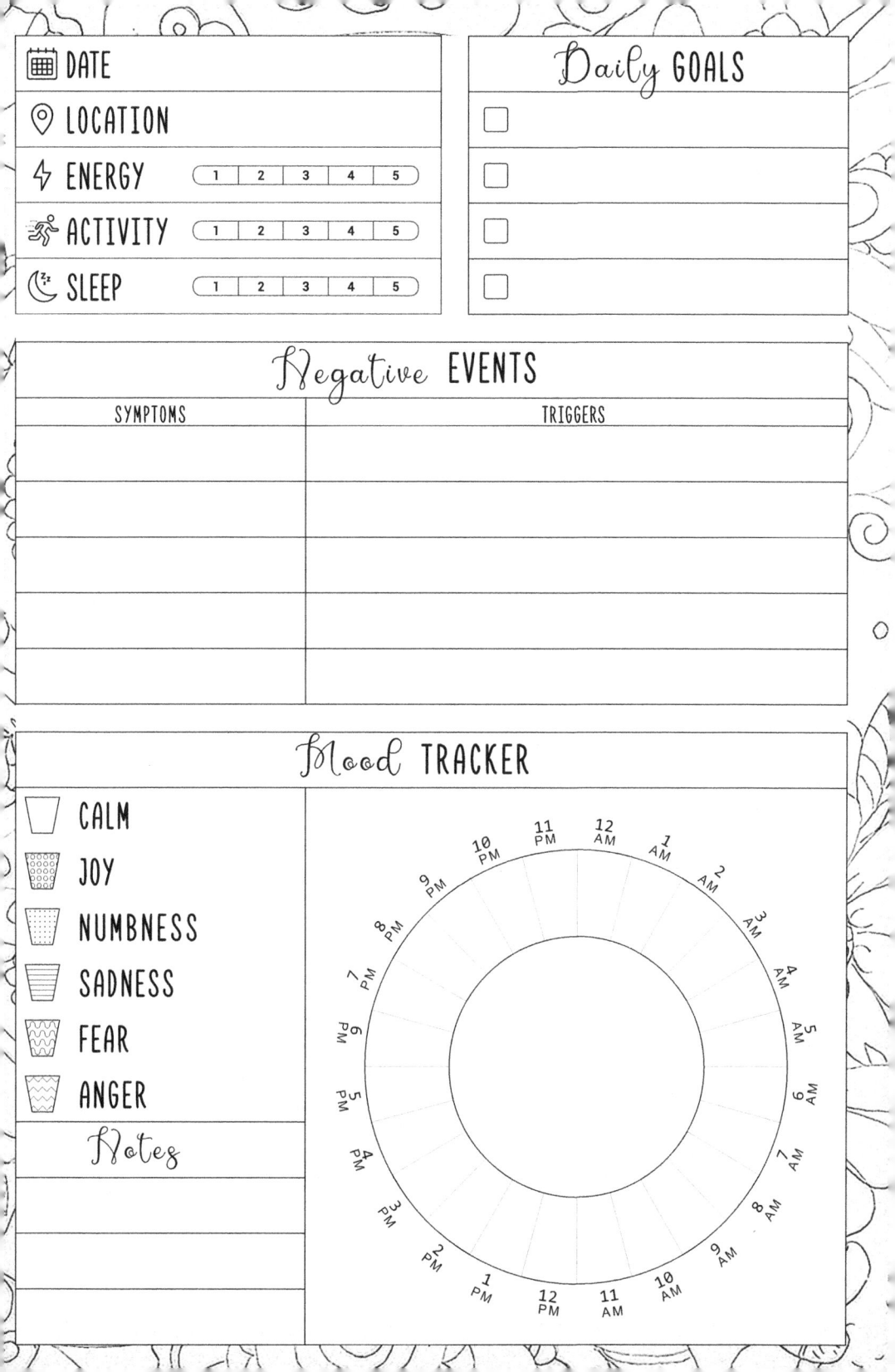

LOCATION

ENERGY | 1 | 2 | 3 | 4 | 5 |

ACTIVITY | 1 | 2 | 3 | 4 | 5 |

SLEEP | 1 | 2 | 3 | 4 | 5 |

Daily GOALS

- ☐
- ☐
- ☐
- ☐

Negative EVENTS

SYMPTOMS	TRIGGERS

Mood TRACKER

- CALM
- JOY
- NUMBNESS
- SADNESS
- FEAR
- ANGER

Notes

DATE

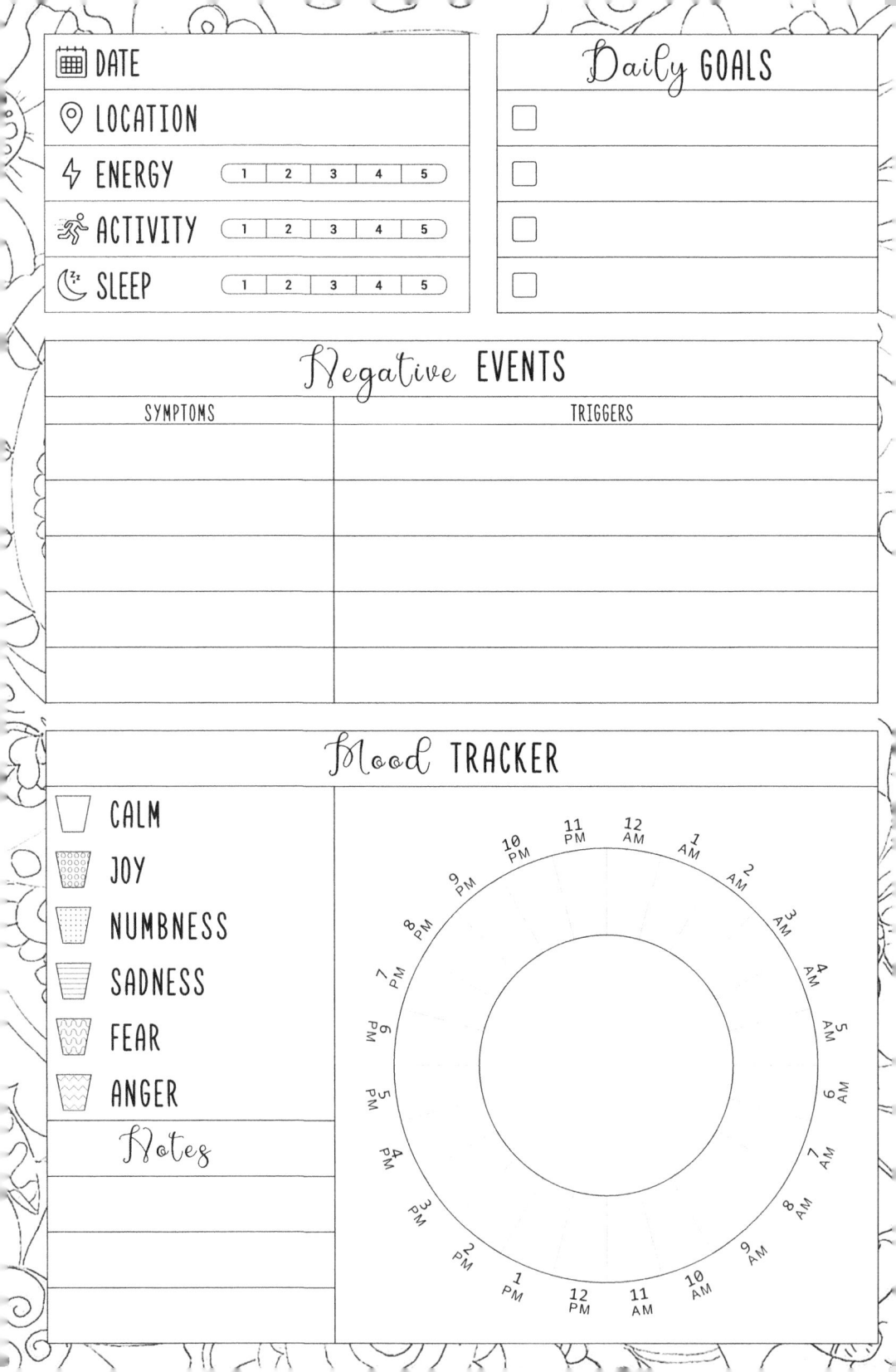

LOCATION

ENERGY | 1 | 2 | 3 | 4 | 5 |

ACTIVITY | 1 | 2 | 3 | 4 | 5 |

SLEEP | 1 | 2 | 3 | 4 | 5 |

Daily GOALS

- [ ]
- [ ]
- [ ]
- [ ]

Negative EVENTS

SYMPTOMS	TRIGGERS

Mood TRACKER

- CALM
- JOY
- NUMBNESS
- SADNESS
- FEAR
- ANGER

Notes

12 AM, 1 AM, 2 AM, 3 AM, 4 AM, 5 AM, 6 AM, 7 AM, 8 AM, 9 AM, 10 AM, 11 AM, 12 PM, 1 PM, 2 PM, 3 PM, 4 PM, 5 PM, 6 PM, 7 PM, 8 PM, 9 PM, 10 PM, 11 PM

DATE

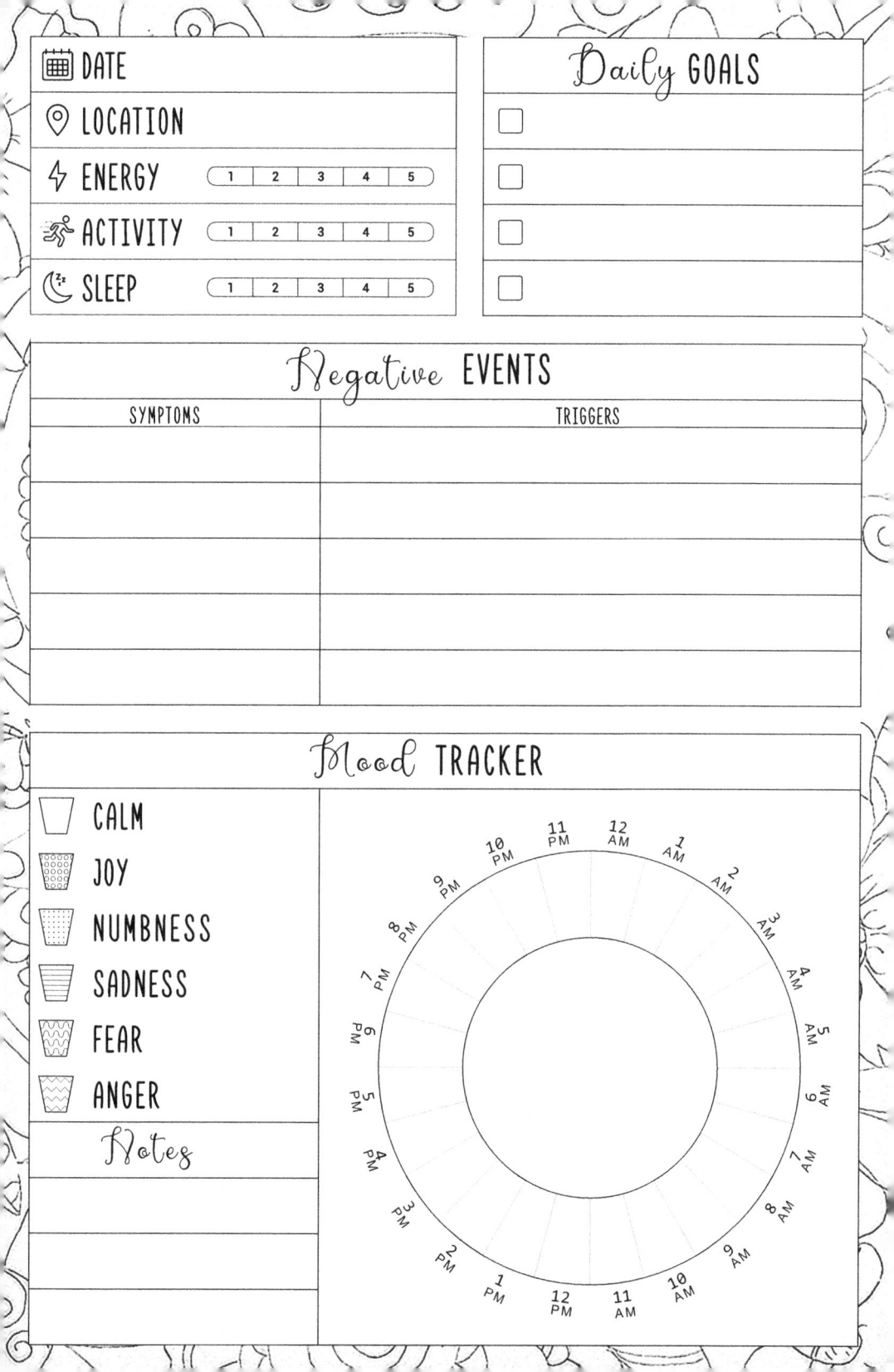

LOCATION

ENERGY
| 1 | 2 | 3 | 4 | 5 |

ACTIVITY
| 1 | 2 | 3 | 4 | 5 |

SLEEP
| 1 | 2 | 3 | 4 | 5 |

Daily GOALS

- [ ]
- [ ]
- [ ]
- [ ]

Negative EVENTS

SYMPTOMS	TRIGGERS

Mood TRACKER

- CALM
- JOY
- NUMBNESS
- SADNESS
- FEAR
- ANGER

Notes

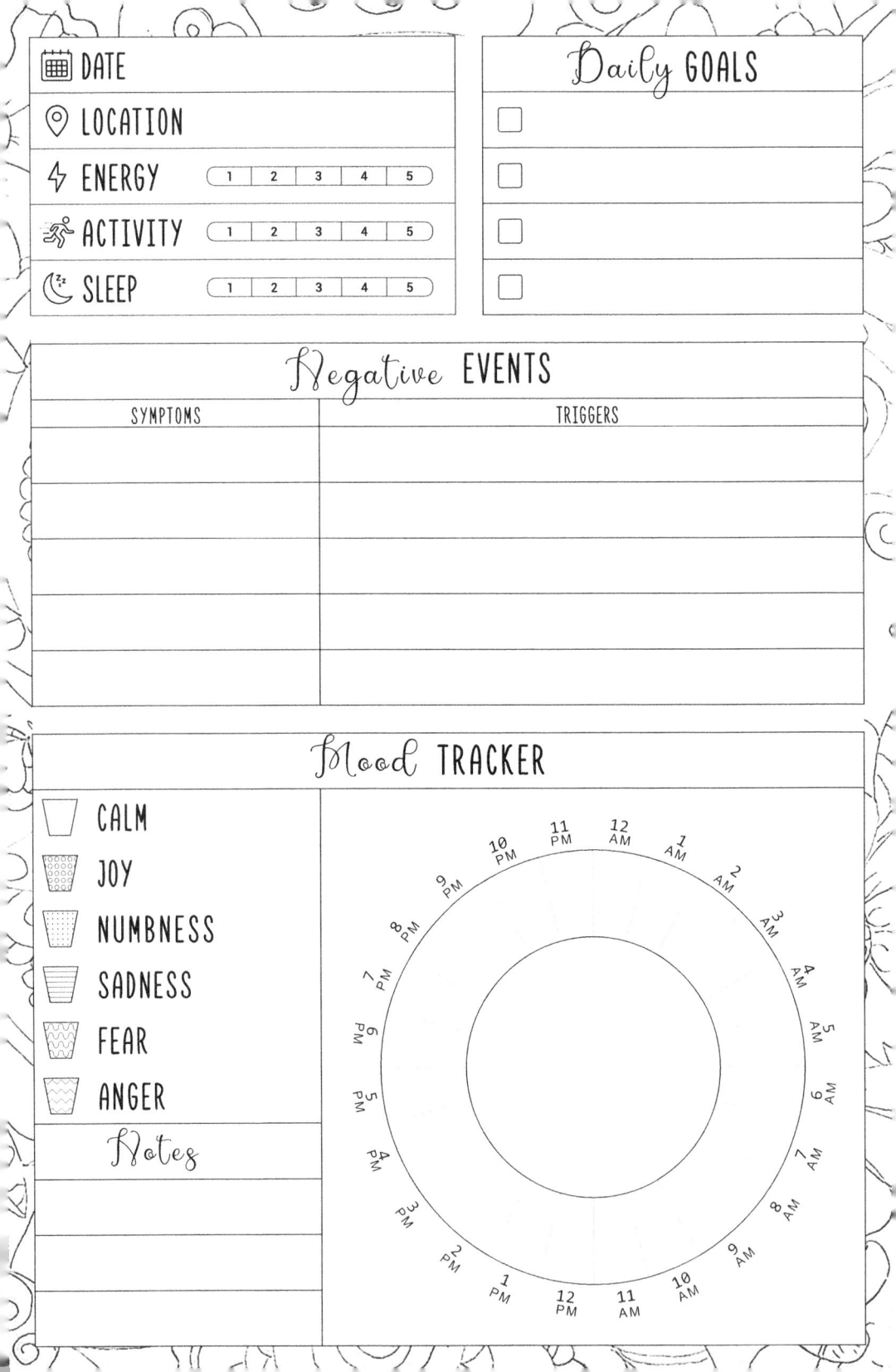

📅 DATE	
📍 LOCATION	
⚡ ENERGY	1 2 3 4 5
🏃 ACTIVITY	1 2 3 4 5
🌙 SLEEP	1 2 3 4 5

Daily GOALS

- [ ]
- [ ]
- [ ]
- [ ]

Negative EVENTS

SYMPTOMS	TRIGGERS

Mood TRACKER

- CALM
- JOY
- NUMBNESS
- SADNESS
- FEAR
- ANGER

Notes

Hours (clockwise): 12 AM, 1 AM, 2 AM, 3 AM, 4 AM, 5 AM, 6 AM, 7 AM, 8 AM, 9 AM, 10 AM, 11 AM, 12 PM, 1 PM, 2 PM, 3 PM, 4 PM, 5 PM, 6 PM, 7 PM, 8 PM, 9 PM, 10 PM, 11 PM

DATE
LOCATION
ENERGY | 1 | 2 | 3 | 4 | 5 |
ACTIVITY | 1 | 2 | 3 | 4 | 5 |
SLEEP | 1 | 2 | 3 | 4 | 5 |

Daily GOALS
- [ ]
- [ ]
- [ ]
- [ ]

Negative EVENTS

SYMPTOMS	TRIGGERS

Mood TRACKER

- CALM
- JOY
- NUMBNESS
- SADNESS
- FEAR
- ANGER

Notes

(Clock ring: 1 AM, 2 AM, 3 AM, 4 AM, 5 AM, 6 AM, 7 AM, 8 AM, 9 AM, 10 AM, 11 AM, 12 PM, 1 PM, 2 PM, 3 PM, 4 PM, 5 PM, 6 PM, 7 PM, 8 PM, 9 PM, 10 PM, 11 PM, 12 AM)

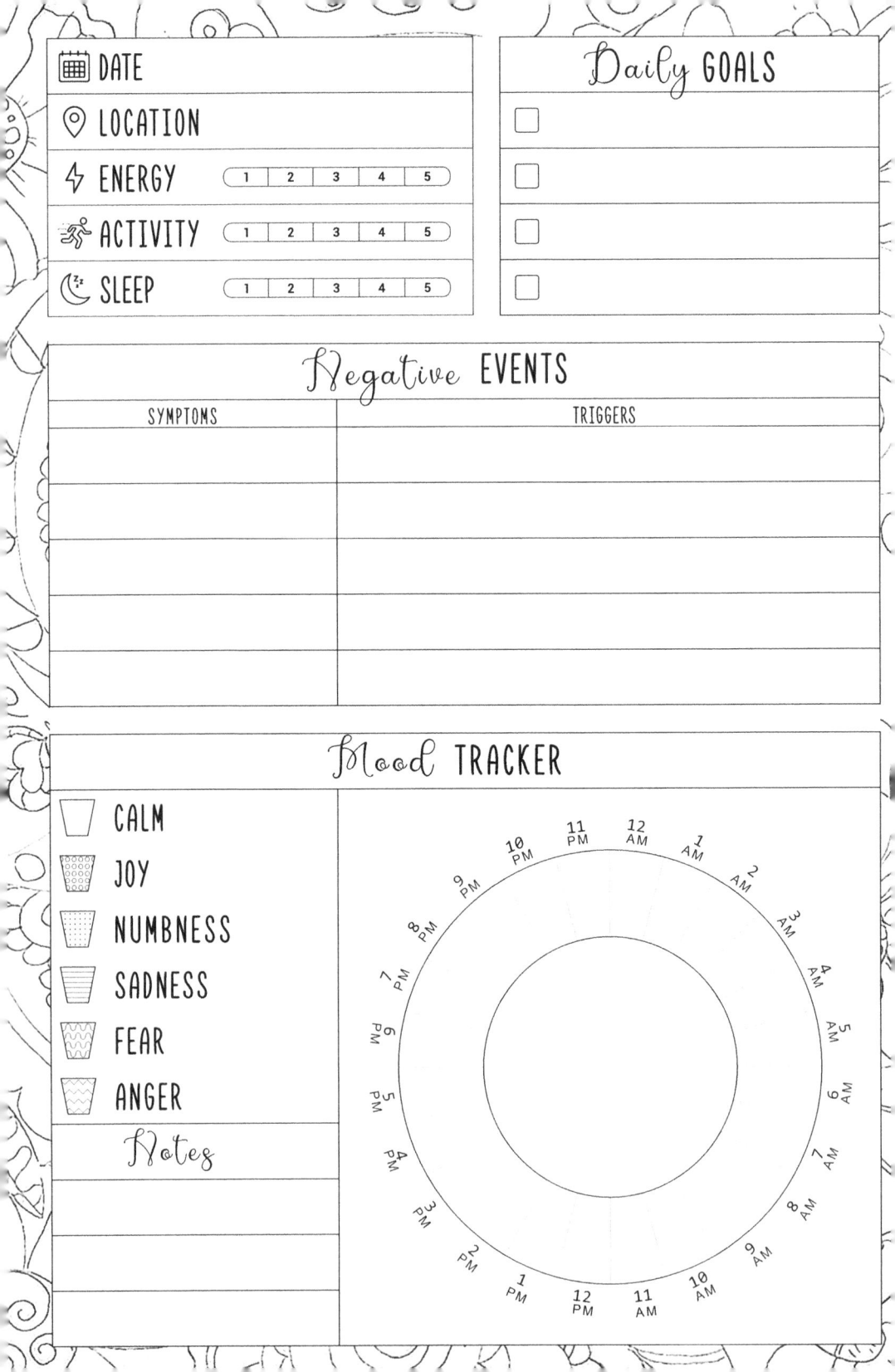

📅 DATE	
📍 LOCATION	
⚡ ENERGY	1 2 3 4 5
🏃 ACTIVITY	1 2 3 4 5
🌙 SLEEP	1 2 3 4 5

Daily GOALS

- ☐
- ☐
- ☐
- ☐

Negative EVENTS

SYMPTOMS	TRIGGERS

Mood TRACKER

- CALM
- JOY
- NUMBNESS
- SADNESS
- FEAR
- ANGER

Notes

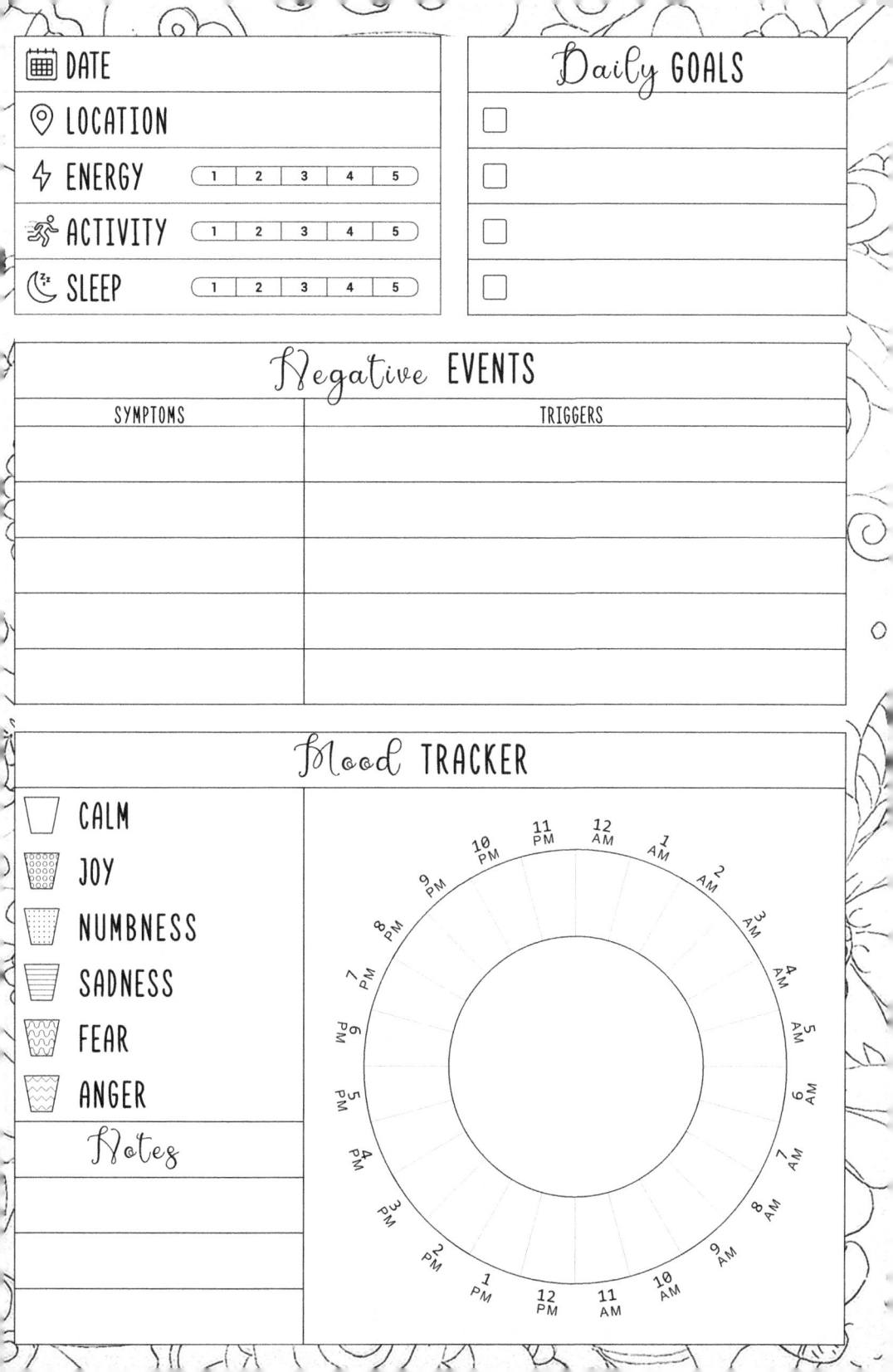

📅 DATE	
📍 LOCATION	
⚡ ENERGY	1 2 3 4 5
🏃 ACTIVITY	1 2 3 4 5
🌙 SLEEP	1 2 3 4 5

Daily GOALS

- ☐
- ☐
- ☐
- ☐

Negative EVENTS

SYMPTOMS	TRIGGERS

Mood TRACKER

- CALM
- JOY
- NUMBNESS
- SADNESS
- FEAR
- ANGER

Notes

Weekly TRACKER

WEEK OF:

TASK LIST	M	T	W	T	F	S	S

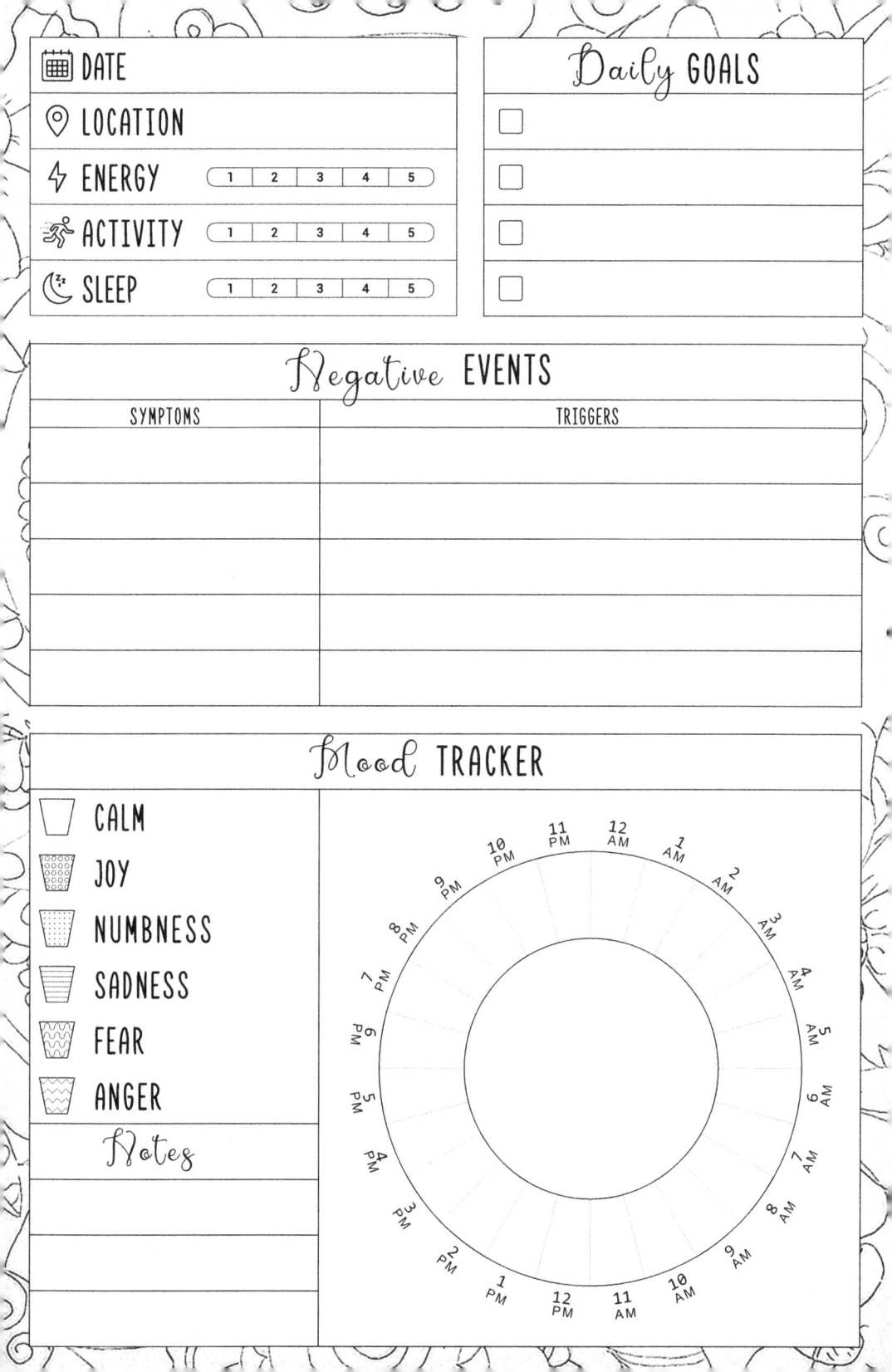

📅 DATE	
📍 LOCATION	
⚡ ENERGY	1 2 3 4 5
🏃 ACTIVITY	1 2 3 4 5
🌙 SLEEP	1 2 3 4 5

Daily GOALS

- [ ]
- [ ]
- [ ]
- [ ]

Negative EVENTS

SYMPTOMS	TRIGGERS

Mood TRACKER

- CALM
- JOY
- NUMBNESS
- SADNESS
- FEAR
- ANGER

Notes

Hours: 12 AM, 1 AM, 2 AM, 3 AM, 4 AM, 5 AM, 6 AM, 7 AM, 8 AM, 9 AM, 10 AM, 11 AM, 12 PM, 1 PM, 2 PM, 3 PM, 4 PM, 5 PM, 6 PM, 7 PM, 8 PM, 9 PM, 10 PM, 11 PM

DATE

LOCATION

ENERGY | 1 | 2 | 3 | 4 | 5 |

ACTIVITY | 1 | 2 | 3 | 4 | 5 |

SLEEP | 1 | 2 | 3 | 4 | 5 |

Daily GOALS

- [ ]
- [ ]
- [ ]
- [ ]

Negative EVENTS

SYMPTOMS	TRIGGERS

Mood TRACKER

- CALM
- JOY
- NUMBNESS
- SADNESS
- FEAR
- ANGER

Notes

DATE

LOCATION

ENERGY | 1 | 2 | 3 | 4 | 5 |

ACTIVITY | 1 | 2 | 3 | 4 | 5 |

SLEEP | 1 | 2 | 3 | 4 | 5 |

Daily GOALS

- [ ]
- [ ]
- [ ]
- [ ]

Negative EVENTS

SYMPTOMS	TRIGGERS

Mood TRACKER

- CALM
- JOY
- NUMBNESS
- SADNESS
- FEAR
- ANGER

Notes

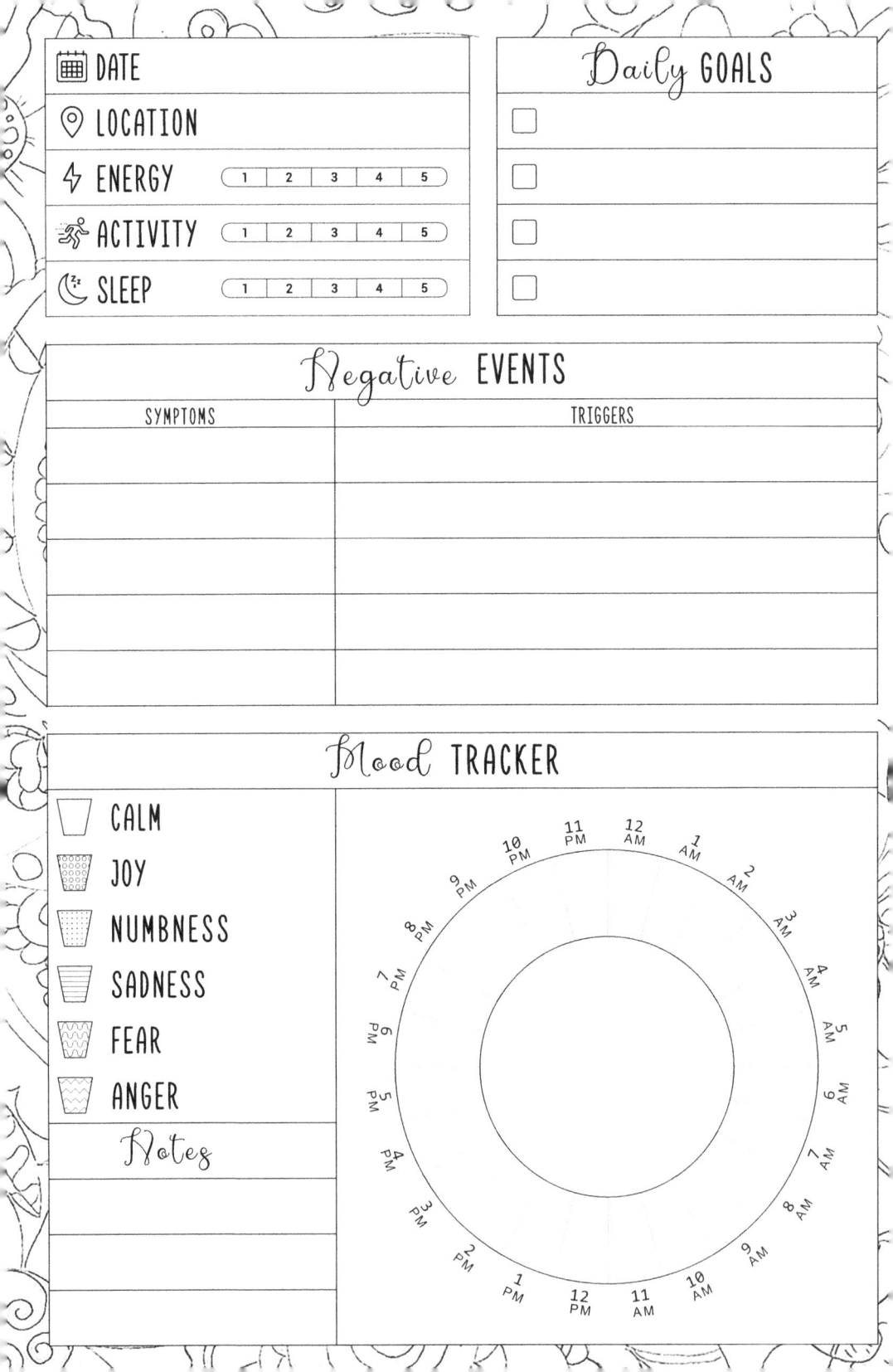

DATE
LOCATION
ENERGY | 1 | 2 | 3 | 4 | 5 |
ACTIVITY | 1 | 2 | 3 | 4 | 5 |
SLEEP | 1 | 2 | 3 | 4 | 5 |

Daily GOALS
- [ ]
- [ ]
- [ ]
- [ ]

Negative EVENTS

SYMPTOMS	TRIGGERS

Mood TRACKER

- CALM
- JOY
- NUMBNESS
- SADNESS
- FEAR
- ANGER

Notes

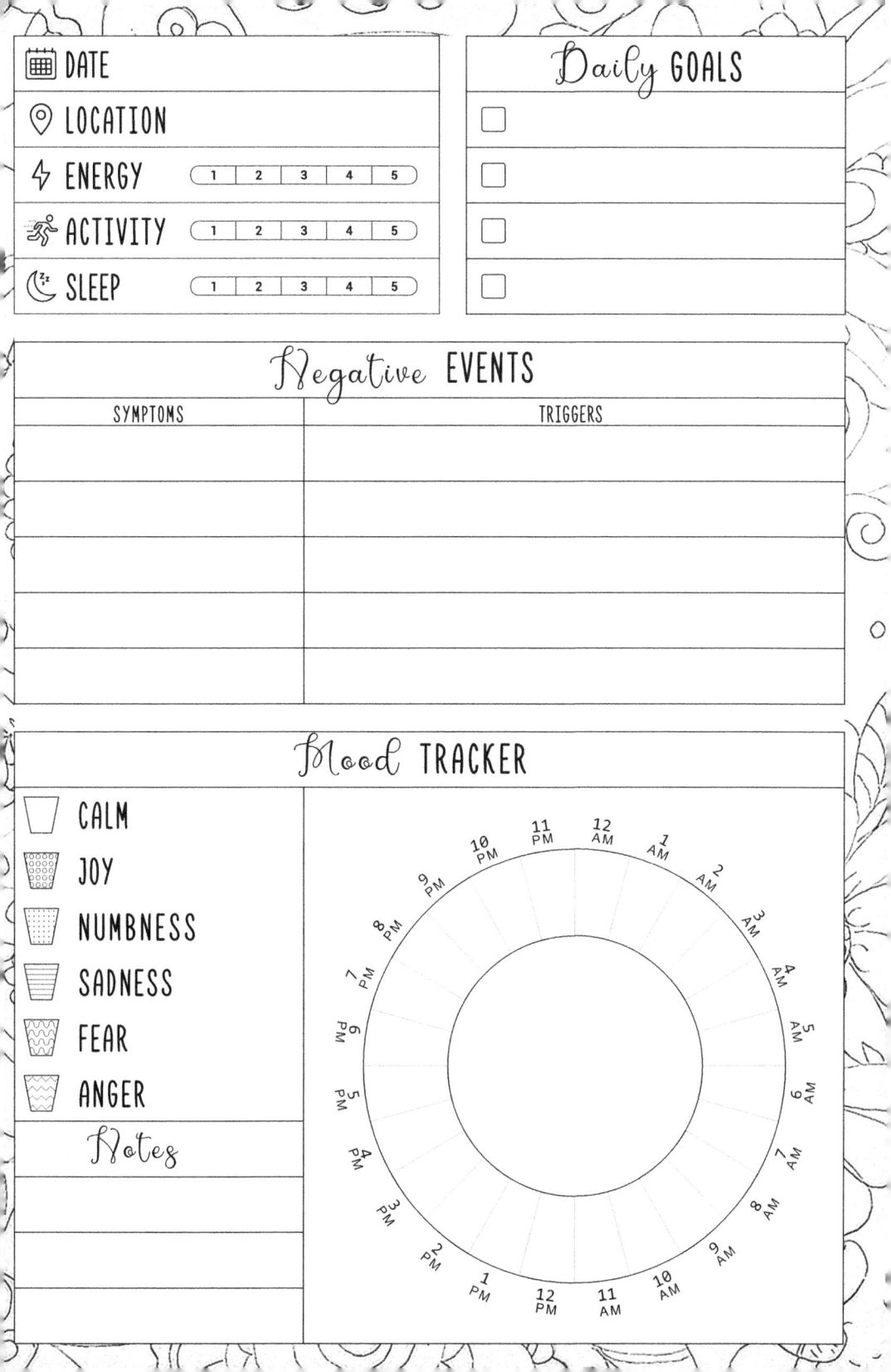

📅 DATE	
📍 LOCATION	
⚡ ENERGY	1　2　3　4　5
🏃 ACTIVITY	1　2　3　4　5
🌙 SLEEP	1　2　3　4　5

Daily GOALS

- ☐
- ☐
- ☐
- ☐

Negative EVENTS

SYMPTOMS	TRIGGERS

Mood TRACKER

- CALM
- JOY
- NUMBNESS
- SADNESS
- FEAR
- ANGER

Notes

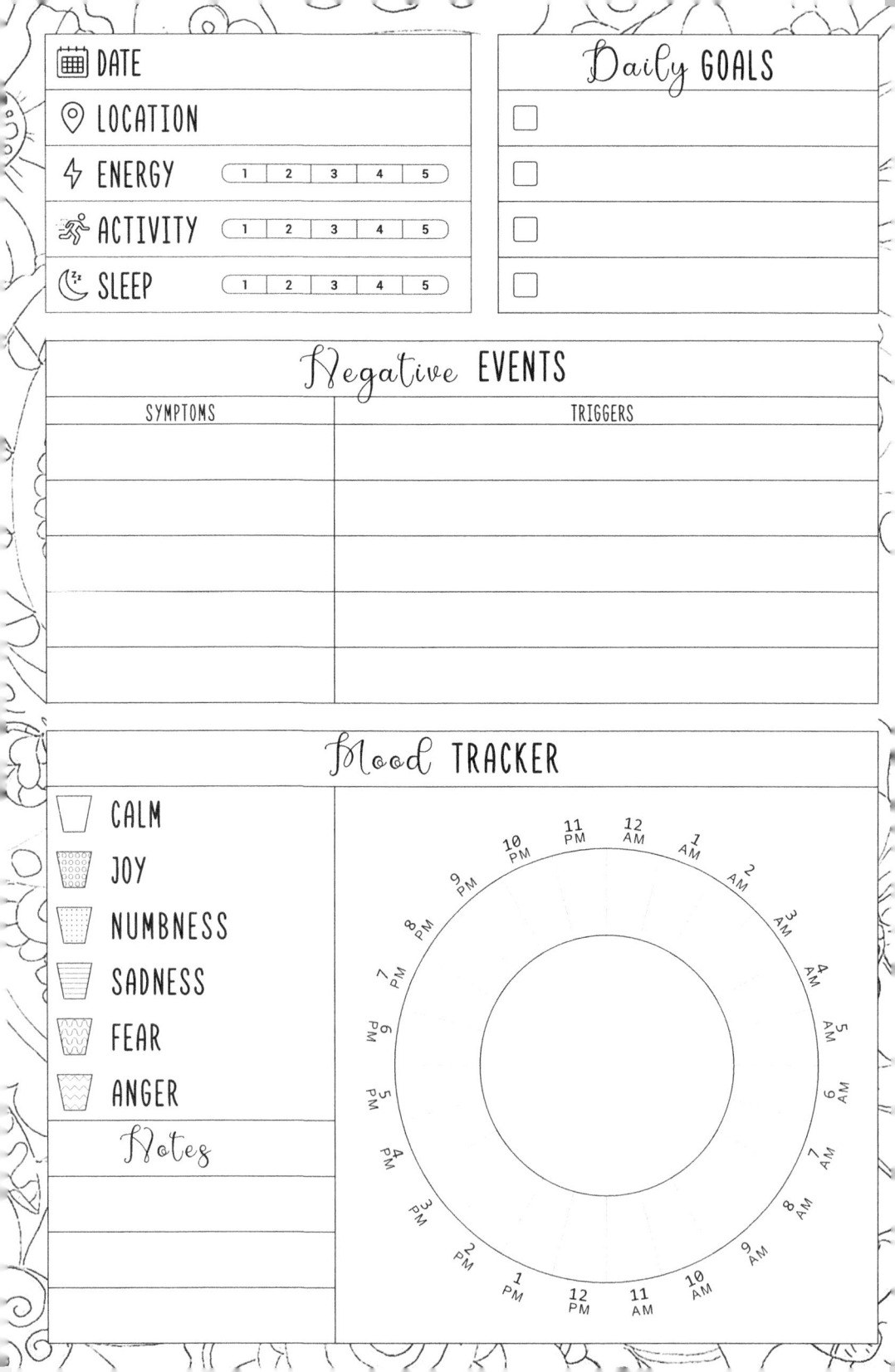

📅 DATE	
📍 LOCATION	
⚡ ENERGY	1 2 3 4 5
🏃 ACTIVITY	1 2 3 4 5
🌙 SLEEP	1 2 3 4 5

Daily GOALS

- ☐
- ☐
- ☐
- ☐

Negative EVENTS

SYMPTOMS	TRIGGERS

Mood TRACKER

- CALM
- JOY
- NUMBNESS
- SADNESS
- FEAR
- ANGER

Notes

12 AM, 1 AM, 2 AM, 3 AM, 4 AM, 5 AM, 6 AM, 7 AM, 8 AM, 9 AM, 10 AM, 11 AM, 12 PM, 1 PM, 2 PM, 3 PM, 4 PM, 5 PM, 6 PM, 7 PM, 8 PM, 9 PM, 10 PM, 11 PM

- 📅 DATE
- 📍 LOCATION
- ⚡ ENERGY | 1 | 2 | 3 | 4 | 5 |
- 🏃 ACTIVITY | 1 | 2 | 3 | 4 | 5 |
- 🌙 SLEEP | 1 | 2 | 3 | 4 | 5 |

Daily GOALS

- [ ]
- [ ]
- [ ]
- [ ]

Negative EVENTS

SYMPTOMS	TRIGGERS

Mood TRACKER

- CALM
- JOY
- NUMBNESS
- SADNESS
- FEAR
- ANGER

Notes

Weekly Tracker

WEEK OF:

TASK LIST	M	T	W	T	F	S	S

📅 DATE						
📍 LOCATION						
⚡ ENERGY	1	2	3	4	5	
🏃 ACTIVITY	1	2	3	4	5	
🌙 SLEEP	1	2	3	4	5	

Daily GOALS

- [ ]
- [ ]
- [ ]
- [ ]

Negative EVENTS

SYMPTOMS	TRIGGERS

Mood TRACKER

- CALM
- JOY
- NUMBNESS
- SADNESS
- FEAR
- ANGER

Notes

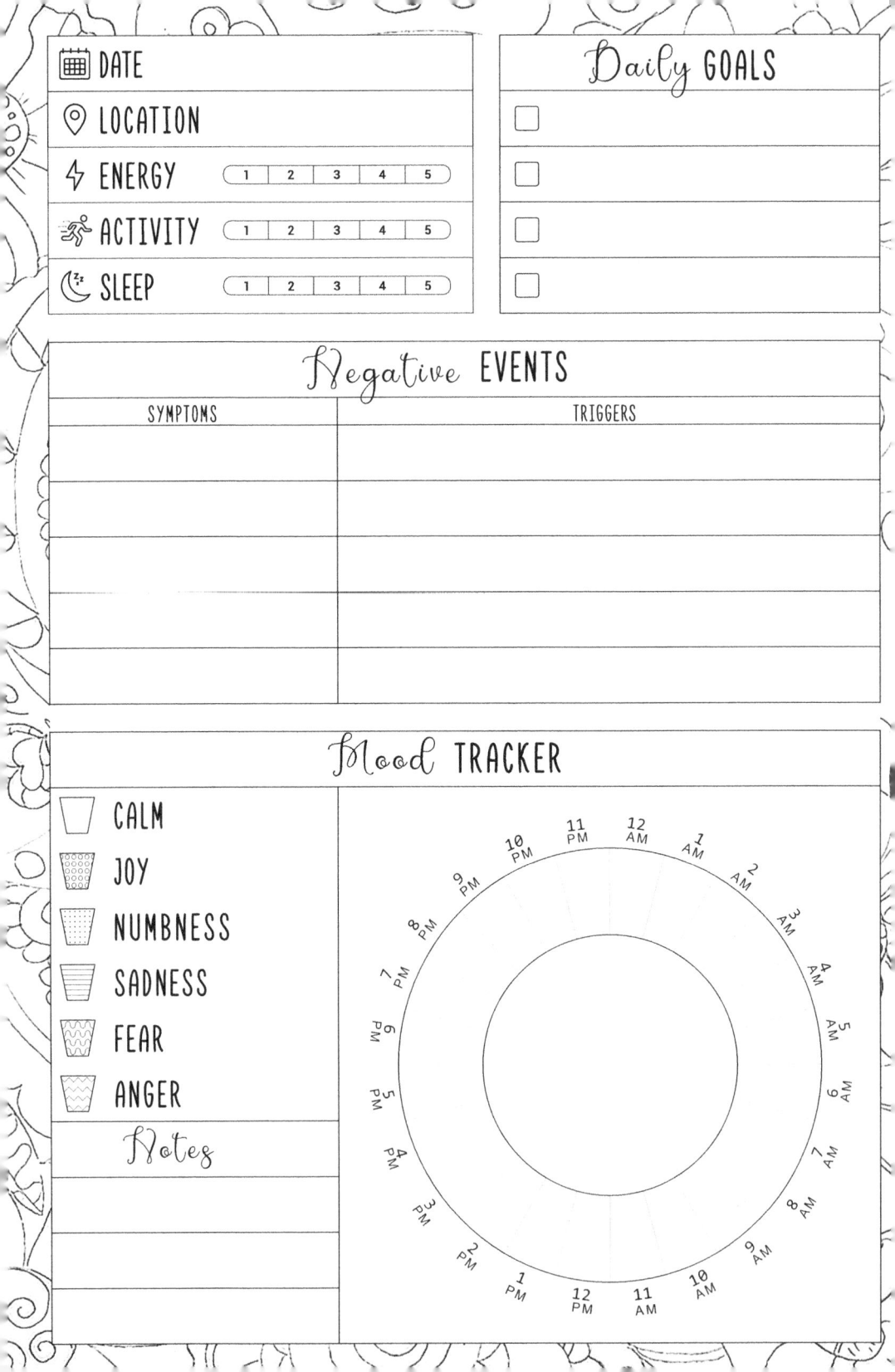

DATE	
LOCATION	
ENERGY	1 2 3 4 5
ACTIVITY	1 2 3 4 5
SLEEP	1 2 3 4 5

Daily GOALS

- [ ]
- [ ]
- [ ]
- [ ]

Negative EVENTS

SYMPTOMS	TRIGGERS

Mood TRACKER

- CALM
- JOY
- NUMBNESS
- SADNESS
- FEAR
- ANGER

Notes

DATE

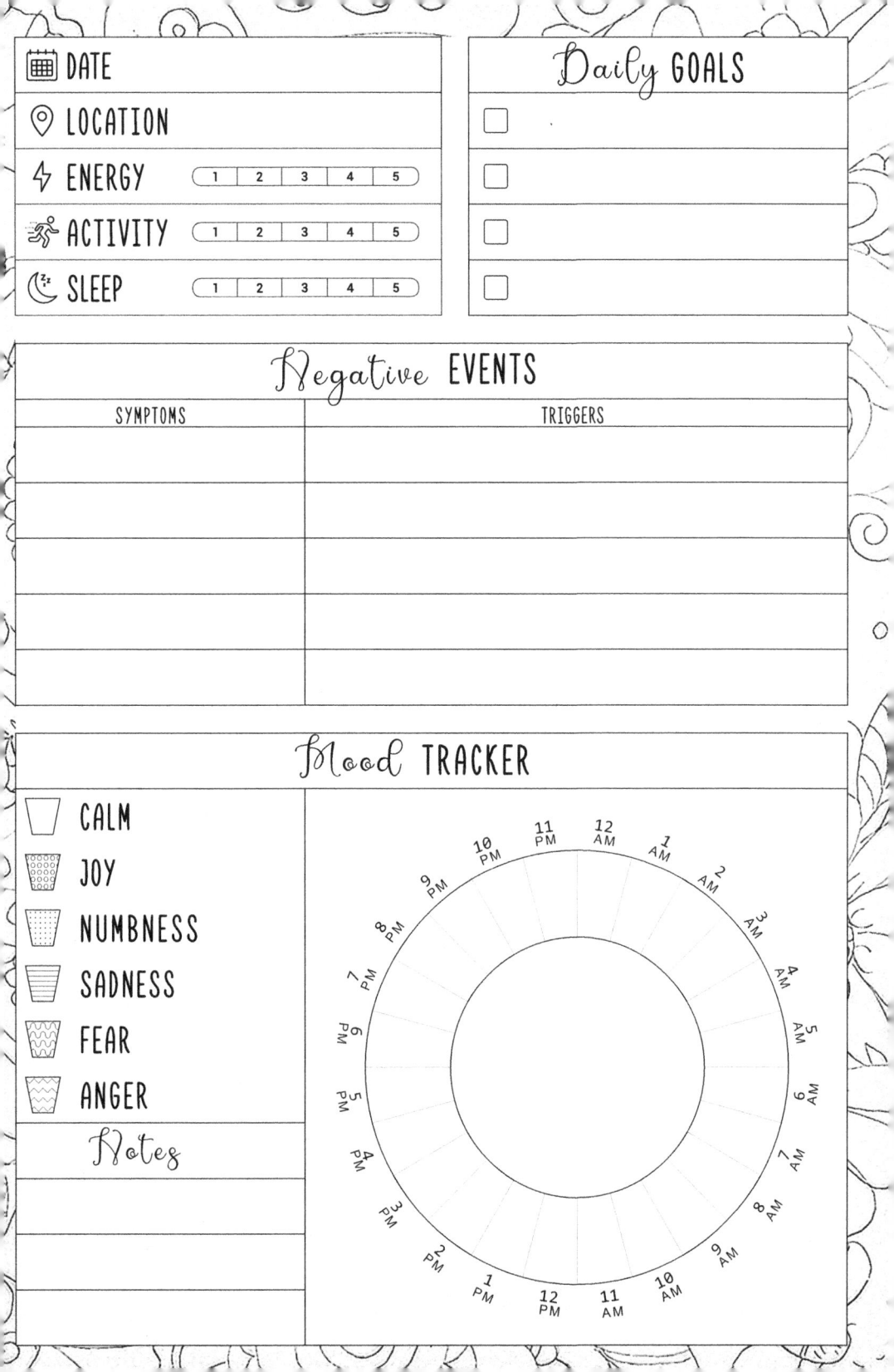

LOCATION

ENERGY 1 2 3 4 5

ACTIVITY 1 2 3 4 5

SLEEP 1 2 3 4 5

Daily GOALS

- [ ]
- [ ]
- [ ]
- [ ]

Negative EVENTS

SYMPTOMS	TRIGGERS

Mood TRACKER

- CALM
- JOY
- NUMBNESS
- SADNESS
- FEAR
- ANGER

Notes

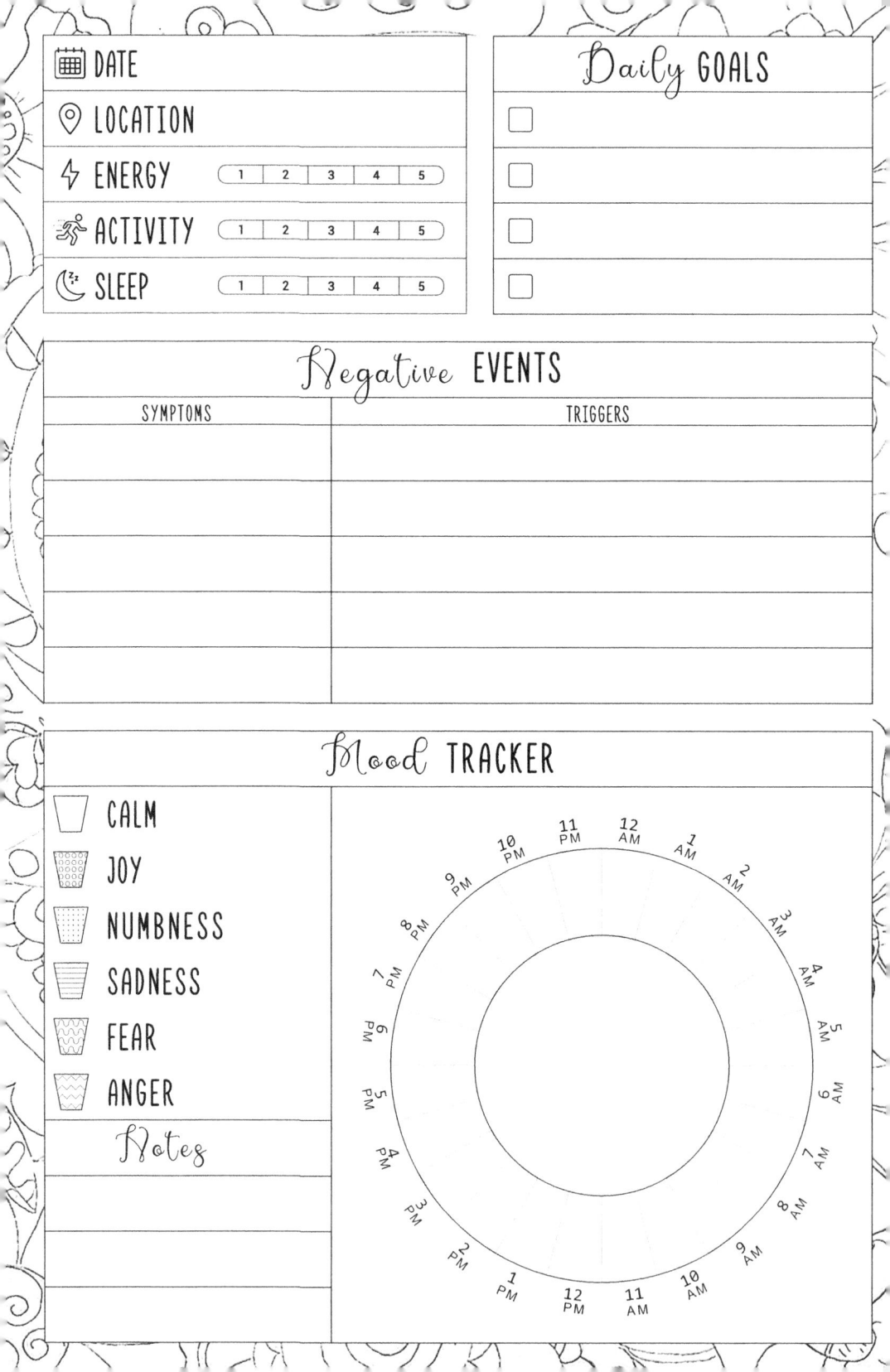

📅 DATE	
📍 LOCATION	
⚡ ENERGY	1 2 3 4 5
🏃 ACTIVITY	1 2 3 4 5
🌙 SLEEP	1 2 3 4 5

Daily GOALS

- ☐
- ☐
- ☐
- ☐

Negative EVENTS

SYMPTOMS	TRIGGERS

Mood TRACKER

- CALM
- JOY
- NUMBNESS
- SADNESS
- FEAR
- ANGER

Notes

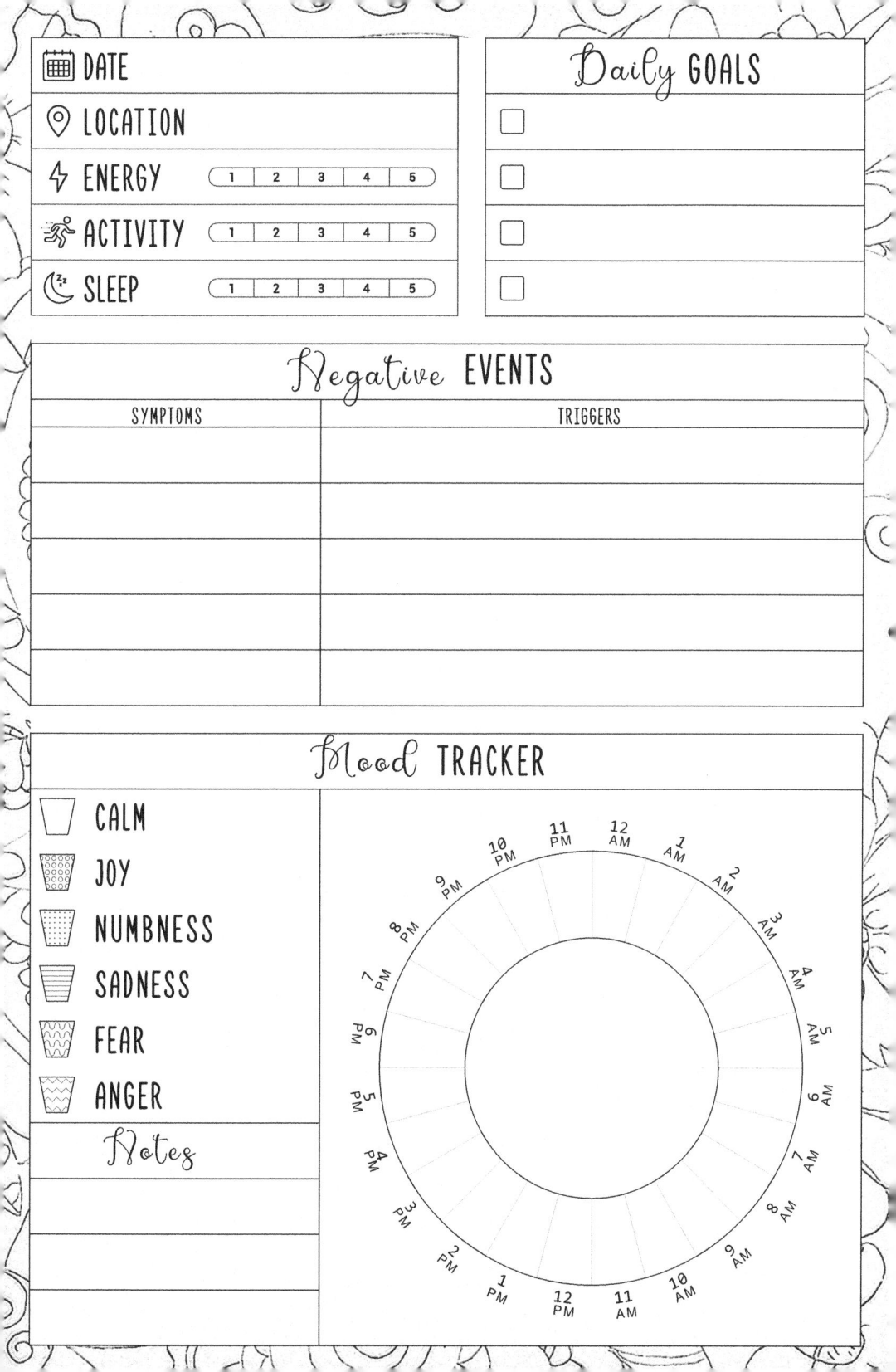

📅 DATE	
📍 LOCATION	
⚡ ENERGY	1 2 3 4 5
🏃 ACTIVITY	1 2 3 4 5
🌙 SLEEP	1 2 3 4 5

Daily GOALS

- [ ]
- [ ]
- [ ]
- [ ]

Negative EVENTS

SYMPTOMS	TRIGGERS

Mood TRACKER

- CALM
- JOY
- NUMBNESS
- SADNESS
- FEAR
- ANGER

(Clock dial: 1 AM – 12 PM around the circle)

Notes

DATE
LOCATION
ENERGY | 1 | 2 | 3 | 4 | 5 |
ACTIVITY | 1 | 2 | 3 | 4 | 5 |
SLEEP | 1 | 2 | 3 | 4 | 5 |

Daily GOALS
- [ ]
- [ ]
- [ ]
- [ ]

Negative EVENTS

SYMPTOMS	TRIGGERS

Mood TRACKER

- CALM
- JOY
- NUMBNESS
- SADNESS
- FEAR
- ANGER

Notes

📅 DATE	*Daily* GOALS
📍 LOCATION	☐
⚡ ENERGY 1 2 3 4 5	☐
🏃 ACTIVITY 1 2 3 4 5	☐
🌙 SLEEP 1 2 3 4 5	☐

Negative EVENTS

SYMPTOMS	TRIGGERS

Mood TRACKER

- 🪣 CALM
- 🪣 JOY
- 🪣 NUMBNESS
- 🪣 SADNESS
- 🪣 FEAR
- 🪣 ANGER

Notes

Weekly TRACKER

WEEK OF:

TASK LIST	M	T	W	T	F	S	S

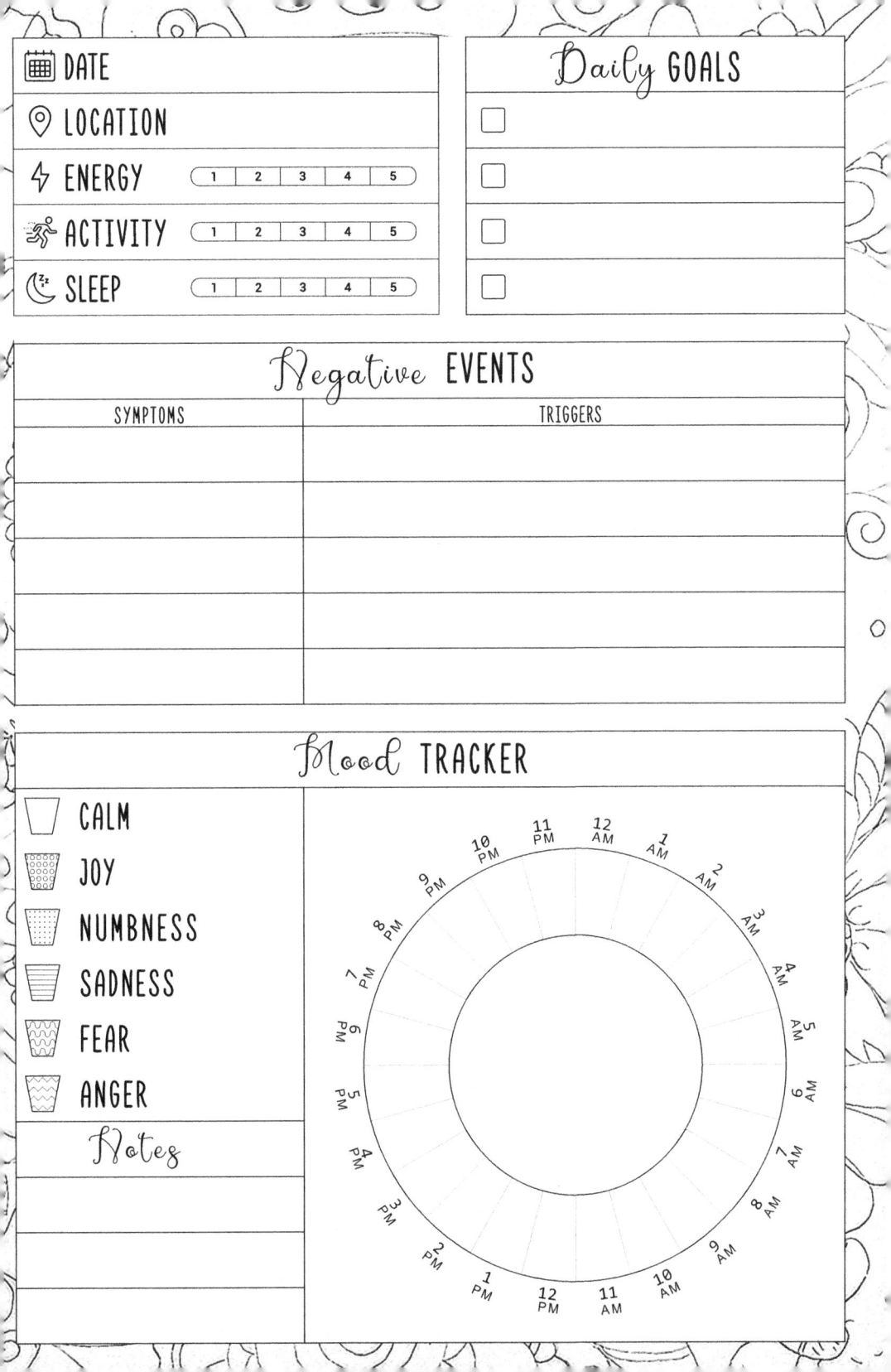

📅 **DATE**		
📍 **LOCATION**		
⚡ **ENERGY**	1 2 3 4 5	
🏃 **ACTIVITY**	1 2 3 4 5	
🌙 **SLEEP**	1 2 3 4 5	

Daily GOALS

- ☐
- ☐
- ☐
- ☐

Negative EVENTS

SYMPTOMS	TRIGGERS

Mood TRACKER

- CALM
- JOY
- NUMBNESS
- SADNESS
- FEAR
- ANGER

Clock dial: 1 AM – 12 PM around the circle

Notes

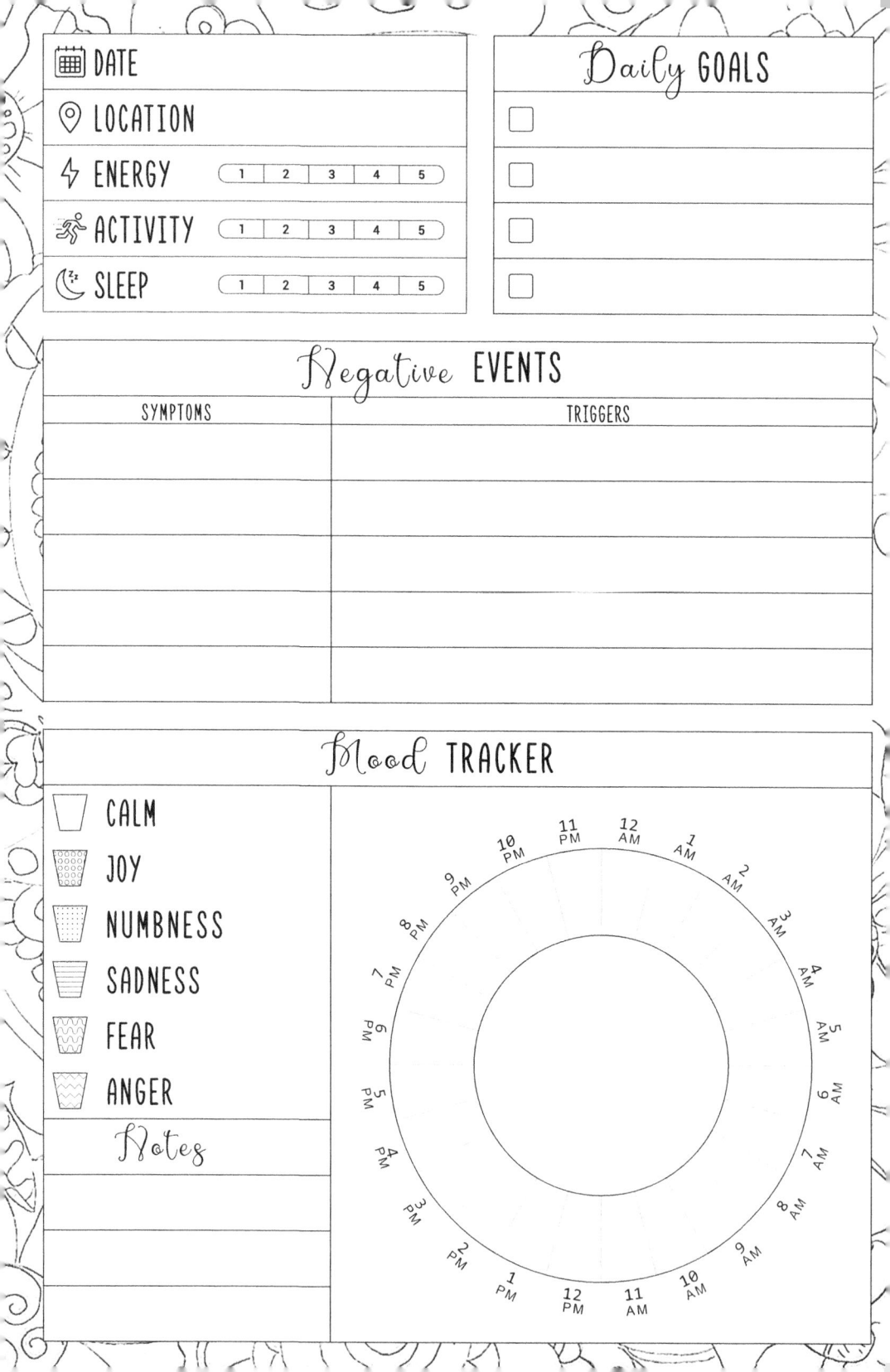

DATE
LOCATION
ENERGY | 1 | 2 | 3 | 4 | 5
ACTIVITY | 1 | 2 | 3 | 4 | 5
SLEEP | 1 | 2 | 3 | 4 | 5

Daily GOALS

- [ ]
- [ ]
- [ ]
- [ ]

Negative EVENTS

SYMPTOMS	TRIGGERS

Mood TRACKER

- CALM
- JOY
- NUMBNESS
- SADNESS
- FEAR
- ANGER

Notes

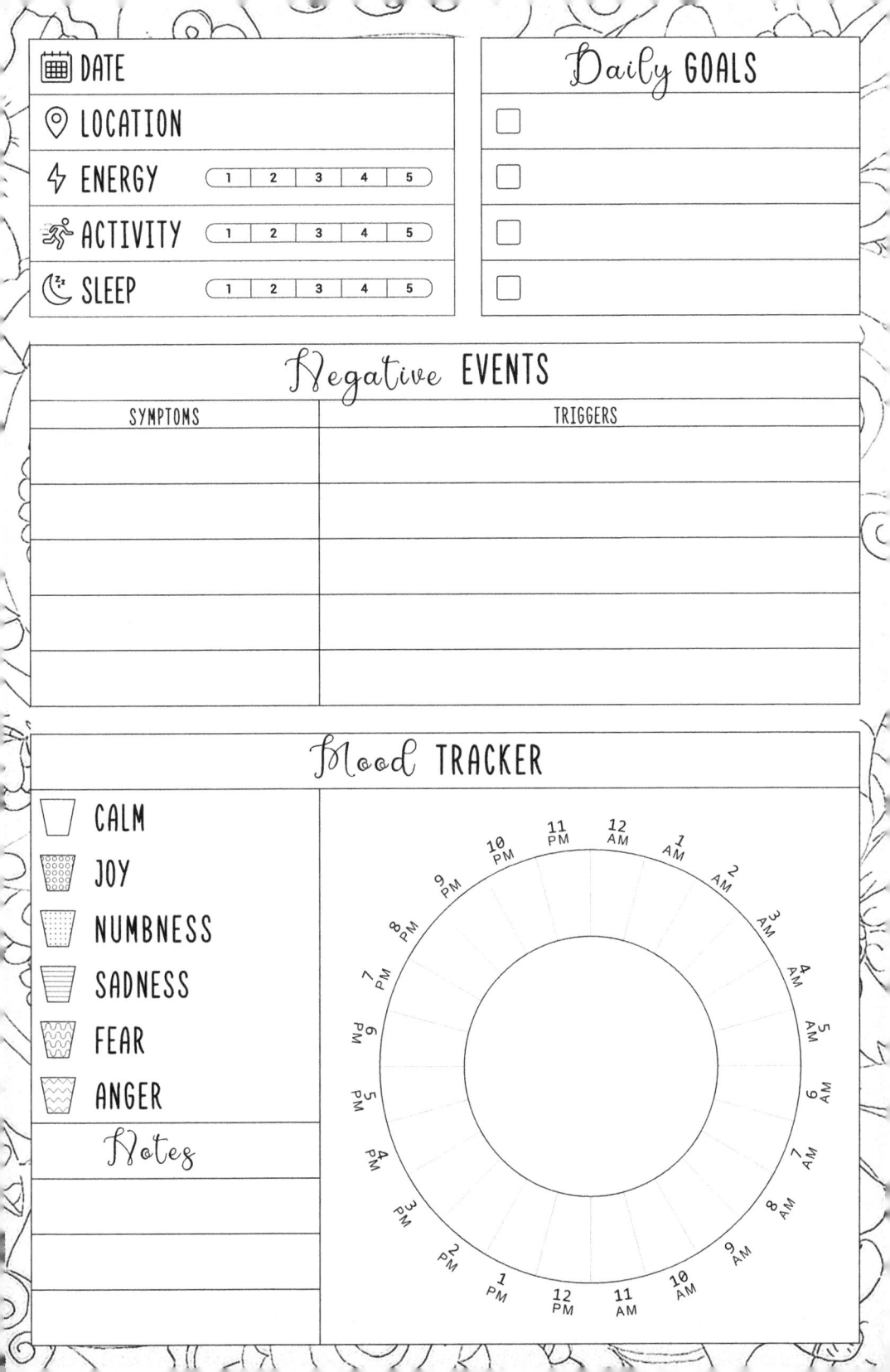

📅 DATE	
📍 LOCATION	
⚡ ENERGY	1 2 3 4 5
🏃 ACTIVITY	1 2 3 4 5
🌙 SLEEP	1 2 3 4 5

Daily GOALS

- ☐
- ☐
- ☐
- ☐

Negative EVENTS

SYMPTOMS	TRIGGERS

Mood TRACKER

- CALM
- JOY
- NUMBNESS
- SADNESS
- FEAR
- ANGER

Notes

(24-hour clock wheel: 12 AM, 1 AM, 2 AM, 3 AM, 4 AM, 5 AM, 6 AM, 7 AM, 8 AM, 9 AM, 10 AM, 11 AM, 12 PM, 1 PM, 2 PM, 3 PM, 4 PM, 5 PM, 6 PM, 7 PM, 8 PM, 9 PM, 10 PM, 11 PM)

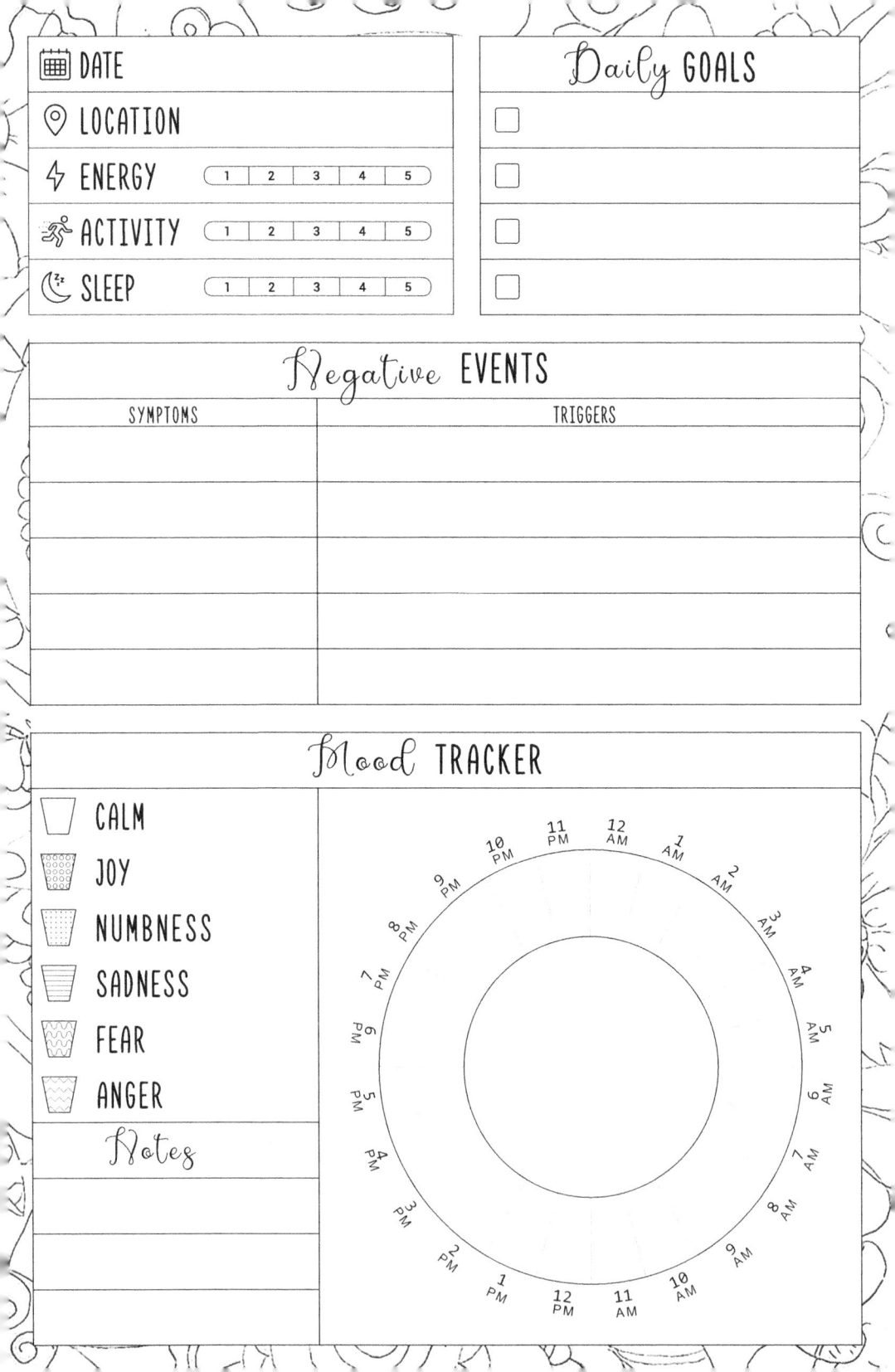

📅 DATE	
📍 LOCATION	
⚡ ENERGY	1 2 3 4 5
🏃 ACTIVITY	1 2 3 4 5
🌙 SLEEP	1 2 3 4 5

Daily GOALS

- [ ]
- [ ]
- [ ]
- [ ]

Negative EVENTS

SYMPTOMS	TRIGGERS

Mood TRACKER

- CALM
- JOY
- NUMBNESS
- SADNESS
- FEAR
- ANGER

Notes

(Circular 24-hour clock: 12 AM, 1 AM, 2 AM, 3 AM, 4 AM, 5 AM, 6 AM, 7 AM, 8 AM, 9 AM, 10 AM, 11 AM, 12 PM, 1 PM, 2 PM, 3 PM, 4 PM, 5 PM, 6 PM, 7 PM, 8 PM, 9 PM, 10 PM, 11 PM)

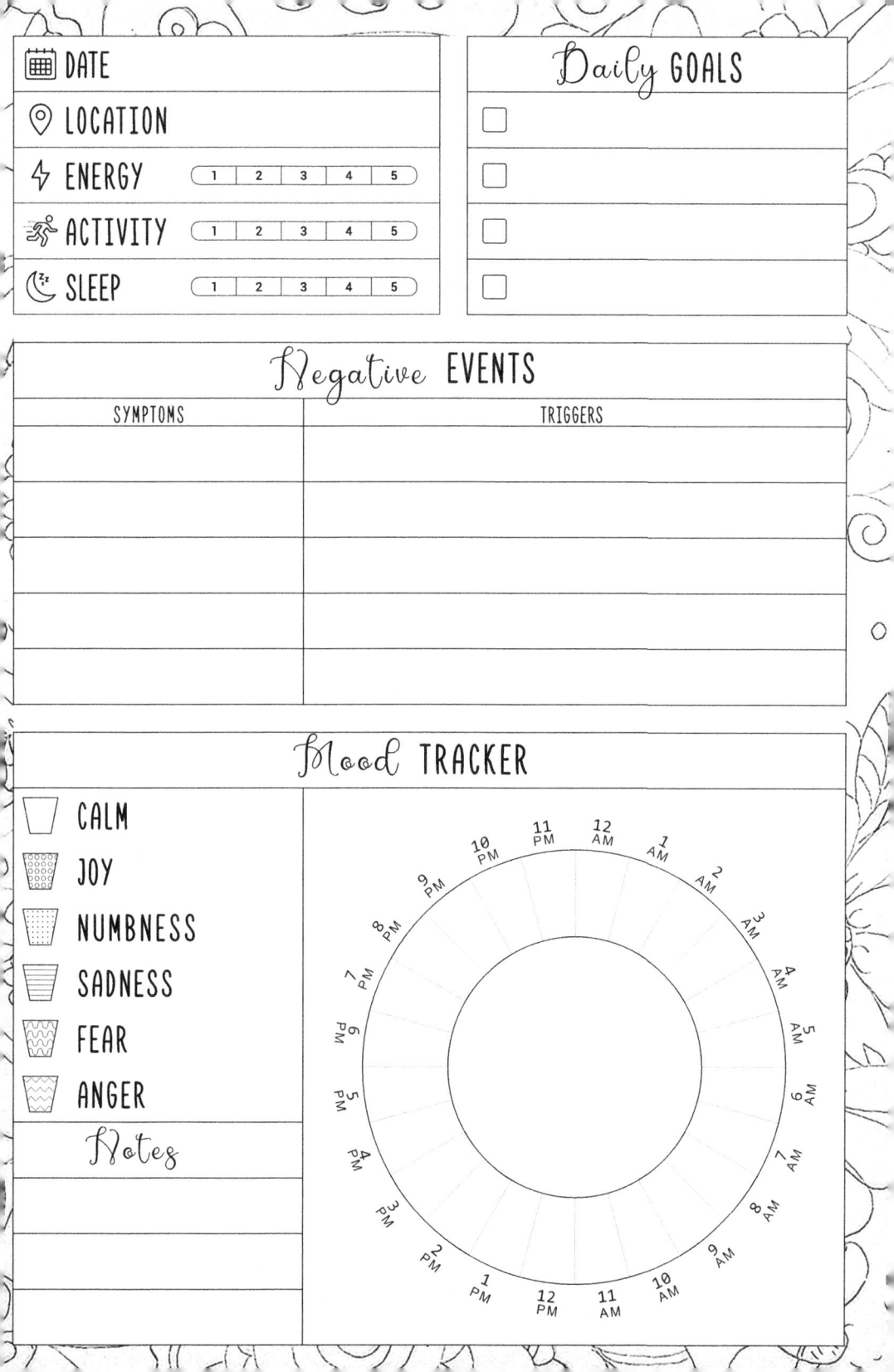

📅 DATE	
📍 LOCATION	
⚡ ENERGY	1 2 3 4 5
🏃 ACTIVITY	1 2 3 4 5
🌙 SLEEP	1 2 3 4 5

Daily GOALS

- [ ]
- [ ]
- [ ]
- [ ]

Negative EVENTS

SYMPTOMS	TRIGGERS

Mood TRACKER

- CALM
- JOY
- NUMBNESS
- SADNESS
- FEAR
- ANGER

Notes

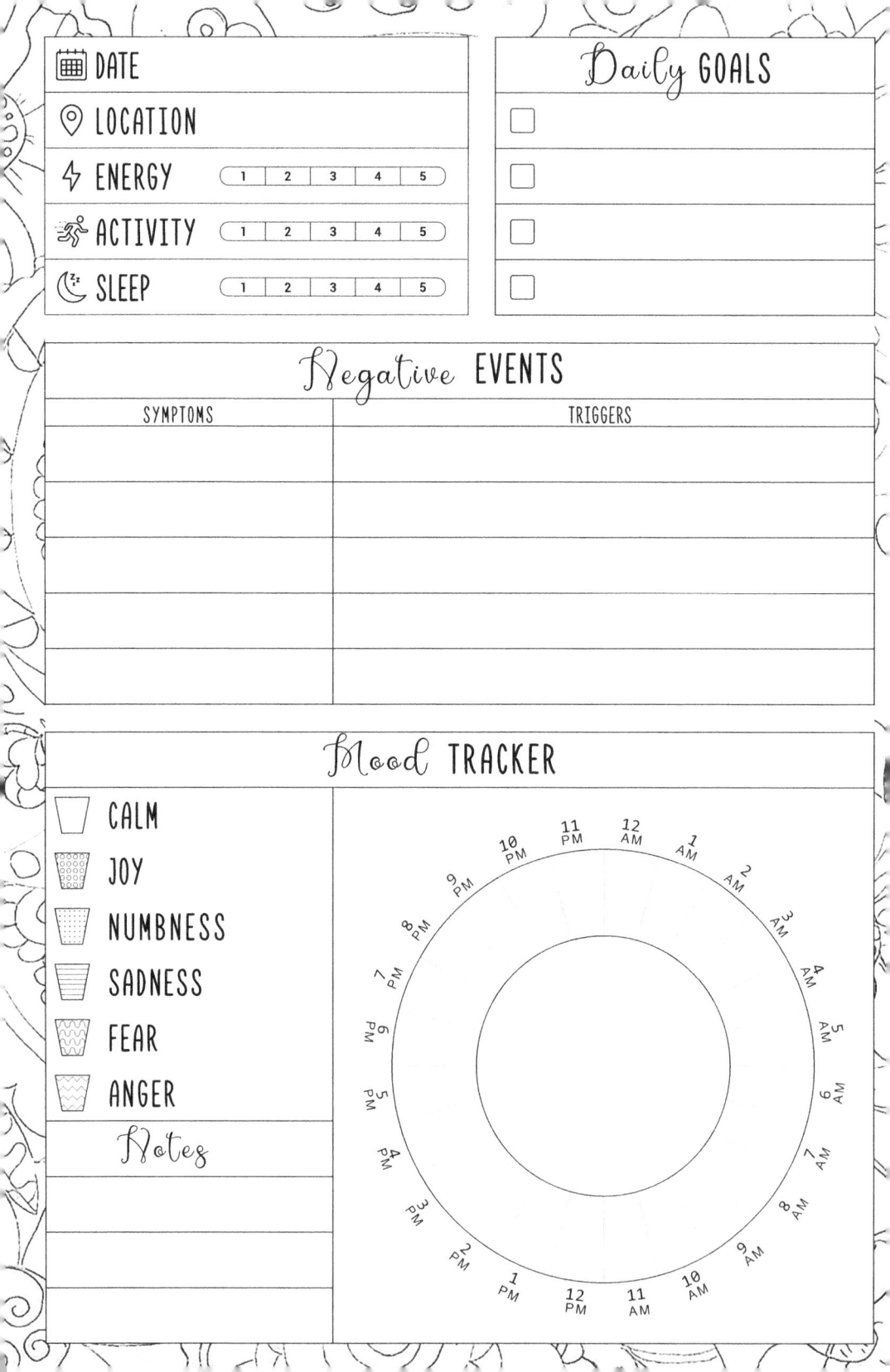

📅 DATE
📍 LOCATION
⚡ ENERGY | 1 | 2 | 3 | 4 | 5 |
🏃 ACTIVITY | 1 | 2 | 3 | 4 | 5 |
🌙 SLEEP | 1 | 2 | 3 | 4 | 5 |

Daily GOALS
- [ ]
- [ ]
- [ ]
- [ ]

Negative EVENTS

SYMPTOMS	TRIGGERS

Mood TRACKER

- CALM
- JOY
- NUMBNESS
- SADNESS
- FEAR
- ANGER

Notes

(Clock dial: 12 AM, 1 AM, 2 AM, 3 AM, 4 AM, 5 AM, 6 AM, 7 AM, 8 AM, 9 AM, 10 AM, 11 AM, 12 PM, 1 PM, 2 PM, 3 PM, 4 PM, 5 PM, 6 PM, 7 PM, 8 PM, 9 PM, 10 PM, 11 PM)

DATE

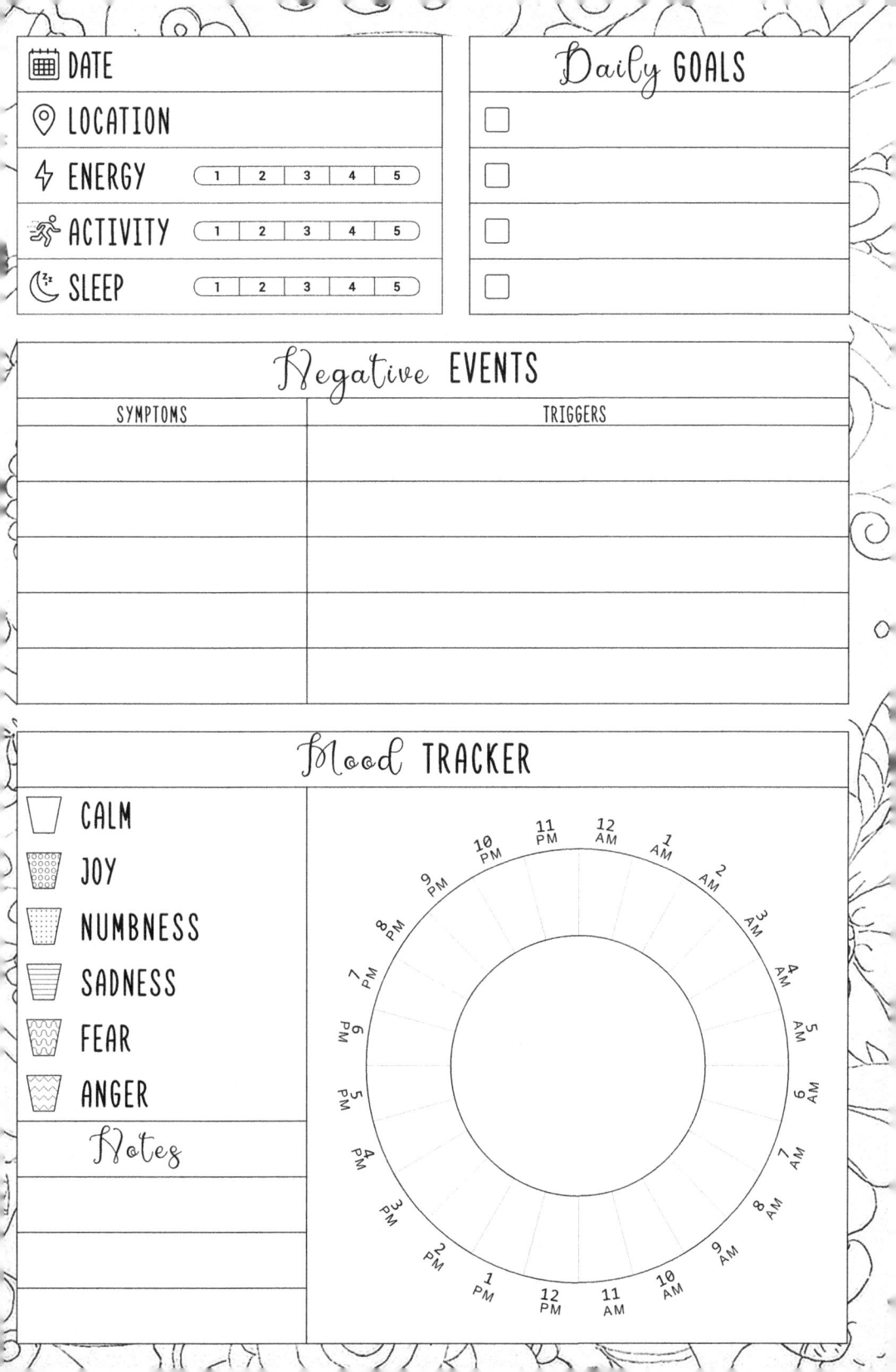

LOCATION

ENERGY | 1 | 2 | 3 | 4 | 5 |

ACTIVITY | 1 | 2 | 3 | 4 | 5 |

SLEEP | 1 | 2 | 3 | 4 | 5 |

Daily GOALS

- [ ]
- [ ]
- [ ]
- [ ]

Negative EVENTS

SYMPTOMS	TRIGGERS

Mood TRACKER

- CALM
- JOY
- NUMBNESS
- SADNESS
- FEAR
- ANGER

Notes

(Clock dial: 1 AM – 12 PM around a 24-hour circular mood tracker)

Weekly TRACKER

WEEK OF:

TASK LIST	M	T	W	T	F	S	S

Month IN REVIEW

MONTH OF:

Progress I HAVE MADE THIS MONTH

What DID I MISS? How I CAN DO BETTER NEXT MONTH?

Day 1									
Day 2									
Day 3									
Day 4									
Day 5									
Day 6									
Day 7									
Day 8									
Day 9									
Day 10									
Day 11									
Day 12									
Day 13									
Day 14									
Day 15									
Day 16									
Day 17									
Day 18									
Day 19									
Day 20									
Day 21									
Day 22									
Day 23									
Day 24									
Day 25									
Day 26									
Day 27									
Day 28									
Day 29									
Day 30									

DATE

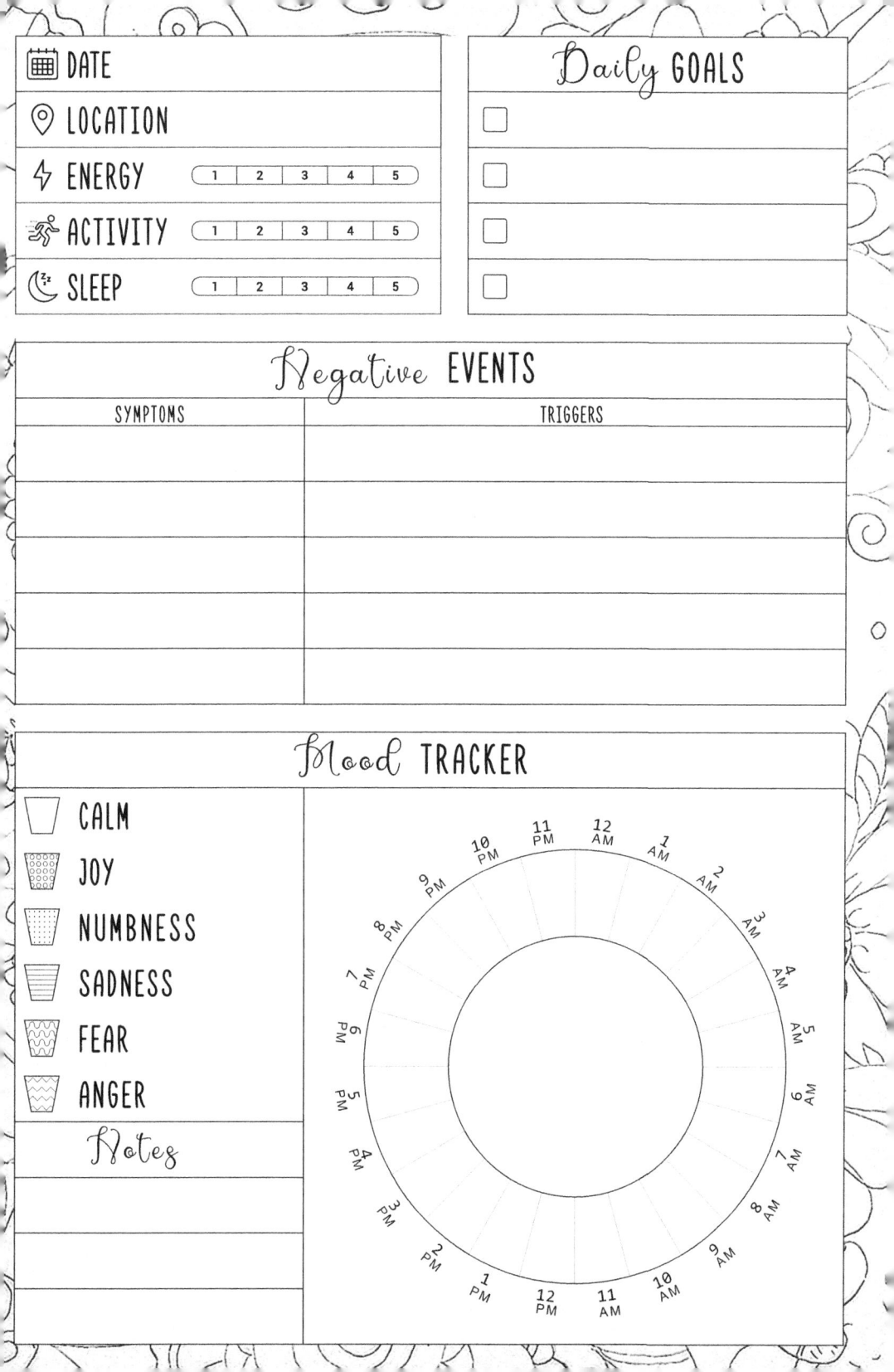

LOCATION

ENERGY | 1 | 2 | 3 | 4 | 5 |

ACTIVITY | 1 | 2 | 3 | 4 | 5 |

SLEEP | 1 | 2 | 3 | 4 | 5 |

Daily GOALS

- [ ]
- [ ]
- [ ]
- [ ]

Negative EVENTS

SYMPTOMS	TRIGGERS

Mood TRACKER

- CALM
- JOY
- NUMBNESS
- SADNESS
- FEAR
- ANGER

Notes

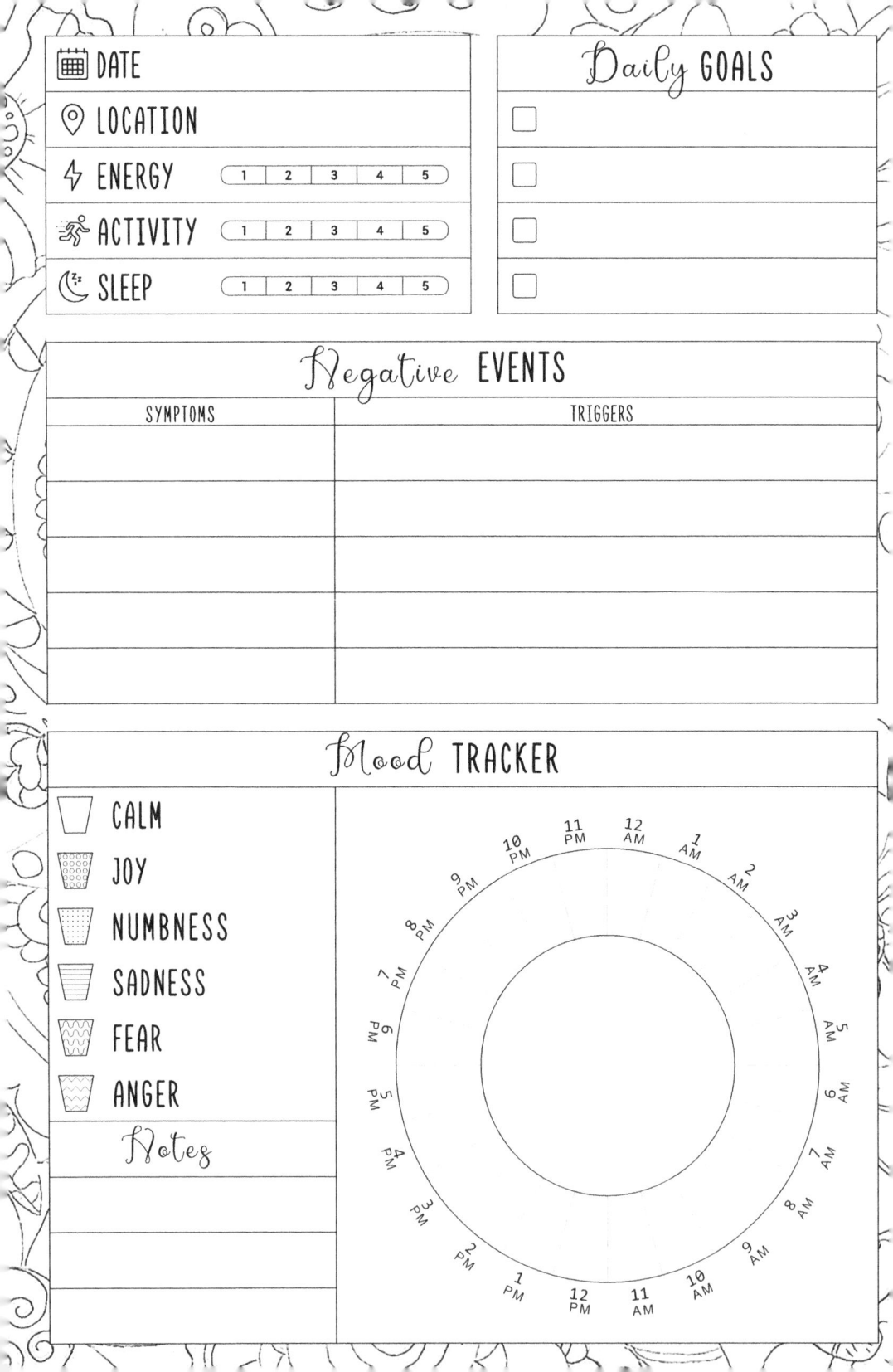

📅 DATE	
📍 LOCATION	
⚡ ENERGY	1 2 3 4 5
🏃 ACTIVITY	1 2 3 4 5
💤 SLEEP	1 2 3 4 5

Daily GOALS

- [ ]
- [ ]
- [ ]
- [ ]

Negative EVENTS

SYMPTOMS	TRIGGERS

Mood TRACKER

- CALM
- JOY
- NUMBNESS
- SADNESS
- FEAR
- ANGER

Notes

(Clock dial: 12 AM – 11 PM)

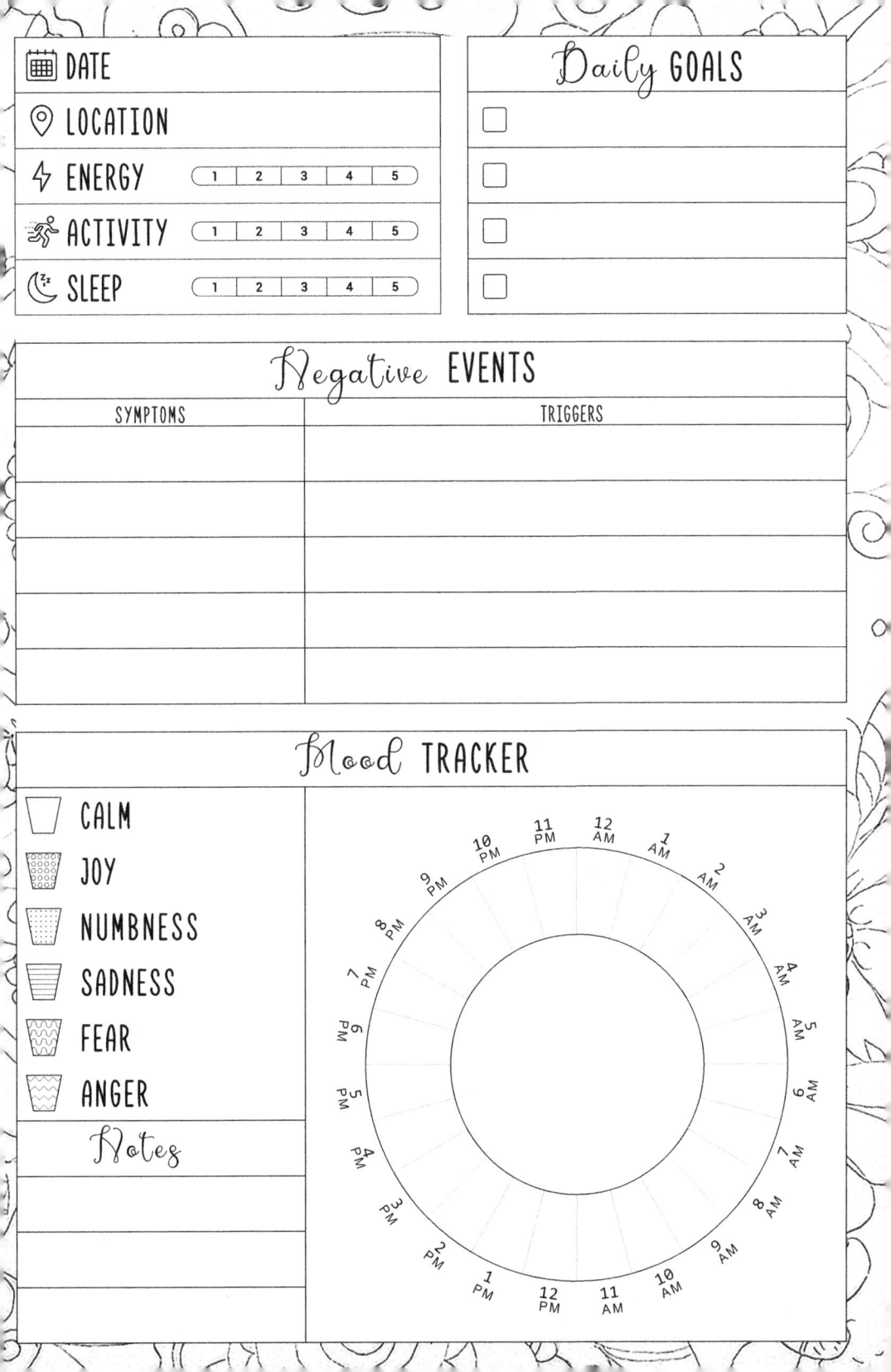

📅 DATE	
📍 LOCATION	
⚡ ENERGY 1 2 3 4 5	
🏃 ACTIVITY 1 2 3 4 5	
🌙 SLEEP 1 2 3 4 5	

Daily GOALS

- [ ]
- [ ]
- [ ]
- [ ]

Negative EVENTS

SYMPTOMS	TRIGGERS

Mood TRACKER

- CALM
- JOY
- NUMBNESS
- SADNESS
- FEAR
- ANGER

Notes

DATE
LOCATION
ENERGY | 1 | 2 | 3 | 4 | 5 |
ACTIVITY | 1 | 2 | 3 | 4 | 5 |
SLEEP | 1 | 2 | 3 | 4 | 5 |

Daily GOALS
- ☐
- ☐
- ☐
- ☐

Negative EVENTS

SYMPTOMS	TRIGGERS

Mood TRACKER

- CALM
- JOY
- NUMBNESS
- SADNESS
- FEAR
- ANGER

Notes

Hours around circle: 1 AM, 2 AM, 3 AM, 4 AM, 5 AM, 6 AM, 7 AM, 8 AM, 9 AM, 10 AM, 11 AM, 12 PM, 1 PM, 2 PM, 3 PM, 4 PM, 5 PM, 6 PM, 7 PM, 8 PM, 9 PM, 10 PM, 11 PM, 12 AM

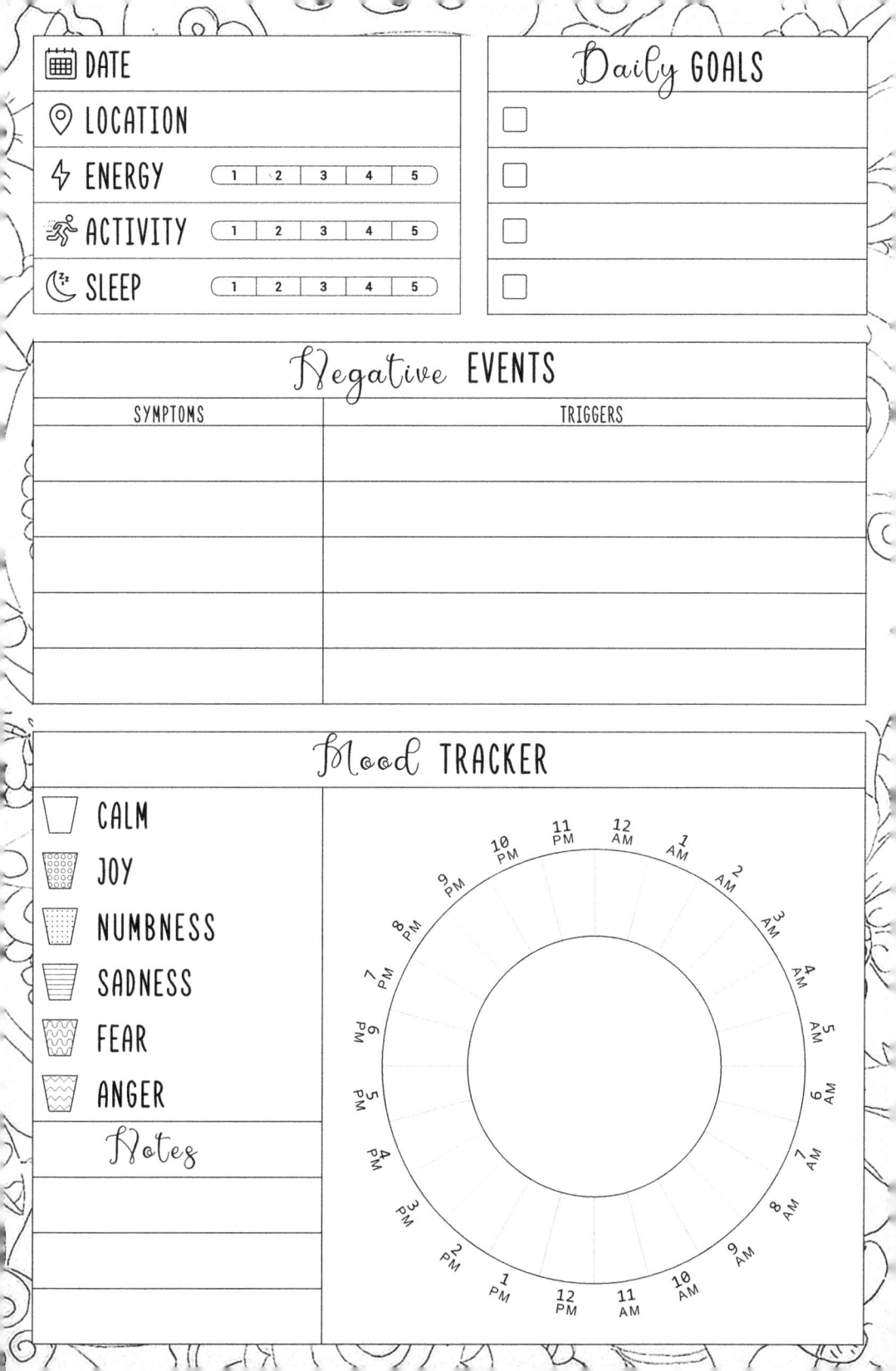

📅 DATE	
📍 LOCATION	
⚡ ENERGY	1　2　3　4　5
🏃 ACTIVITY	1　2　3　4　5
🌙 SLEEP	1　2　3　4　5

Daily GOALS

- [ ]
- [ ]
- [ ]
- [ ]

Negative EVENTS

SYMPTOMS	TRIGGERS

Mood TRACKER

- CALM
- JOY
- NUMBNESS
- SADNESS
- FEAR
- ANGER

Notes

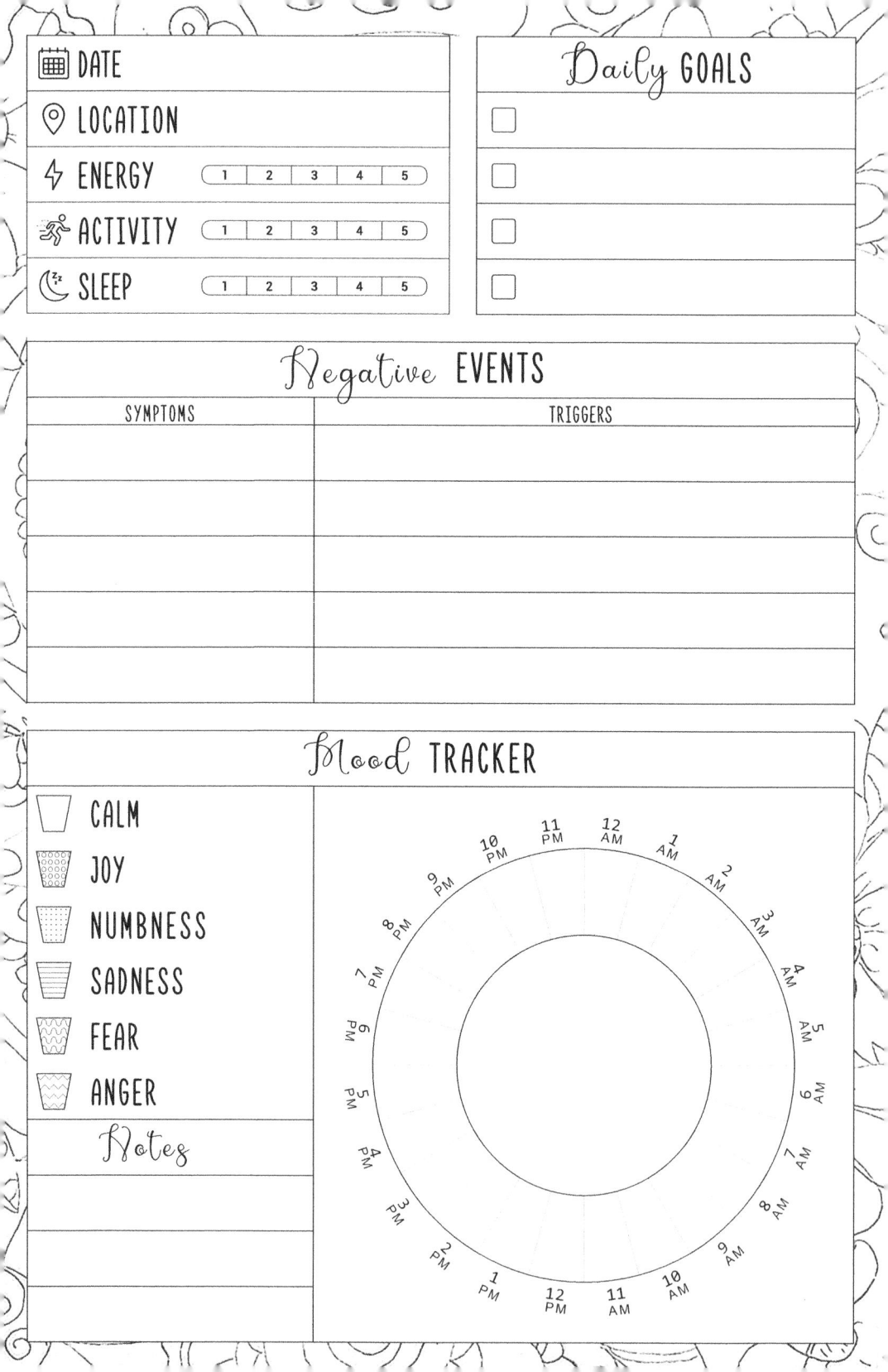

📅 DATE		
📍 LOCATION		
⚡ ENERGY	1 2 3 4 5	
🏃 ACTIVITY	1 2 3 4 5	
🌙 SLEEP	1 2 3 4 5	

Daily GOALS

- [ ]
- [ ]
- [ ]
- [ ]

Negative EVENTS

SYMPTOMS	TRIGGERS

Mood TRACKER

- CALM
- JOY
- NUMBNESS
- SADNESS
- FEAR
- ANGER

Notes

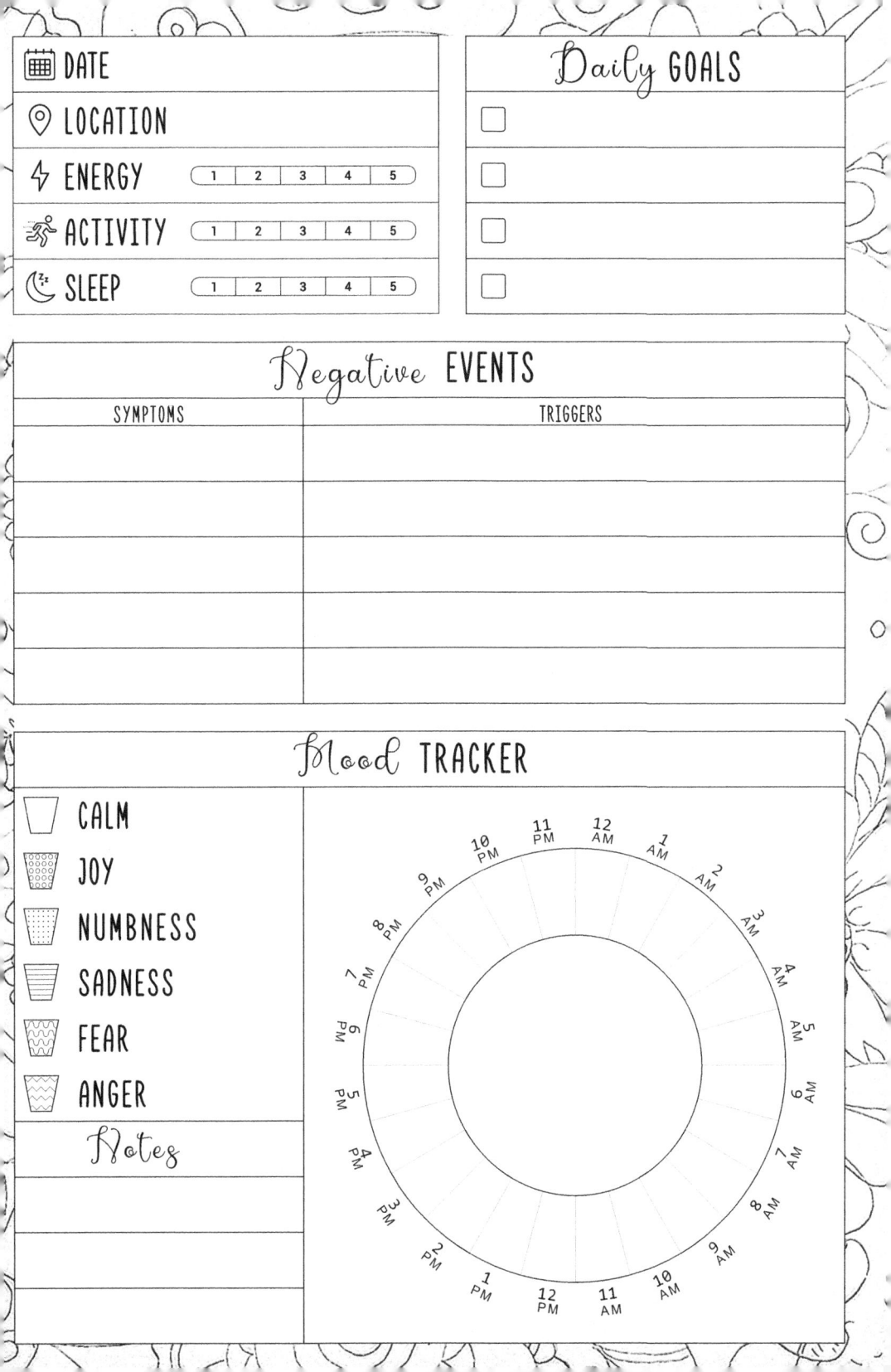

DATE	
LOCATION	
ENERGY	1 2 3 4 5
ACTIVITY	1 2 3 4 5
SLEEP	1 2 3 4 5

Daily GOALS

- [ ]
- [ ]
- [ ]
- [ ]

Negative EVENTS

SYMPTOMS	TRIGGERS

Mood TRACKER

- CALM
- JOY
- NUMBNESS
- SADNESS
- FEAR
- ANGER

Notes

Weekly Tracker

WEEK OF:

TASK LIST	M	T	W	T	F	S	S
○							
○							
○							
○							
○							
○							
○							
○							
○							
○							
○							
○							
○							
○							
○							
○							
○							
○							
○							
○							
○							
○							
○							
○							
○							
○							

DATE

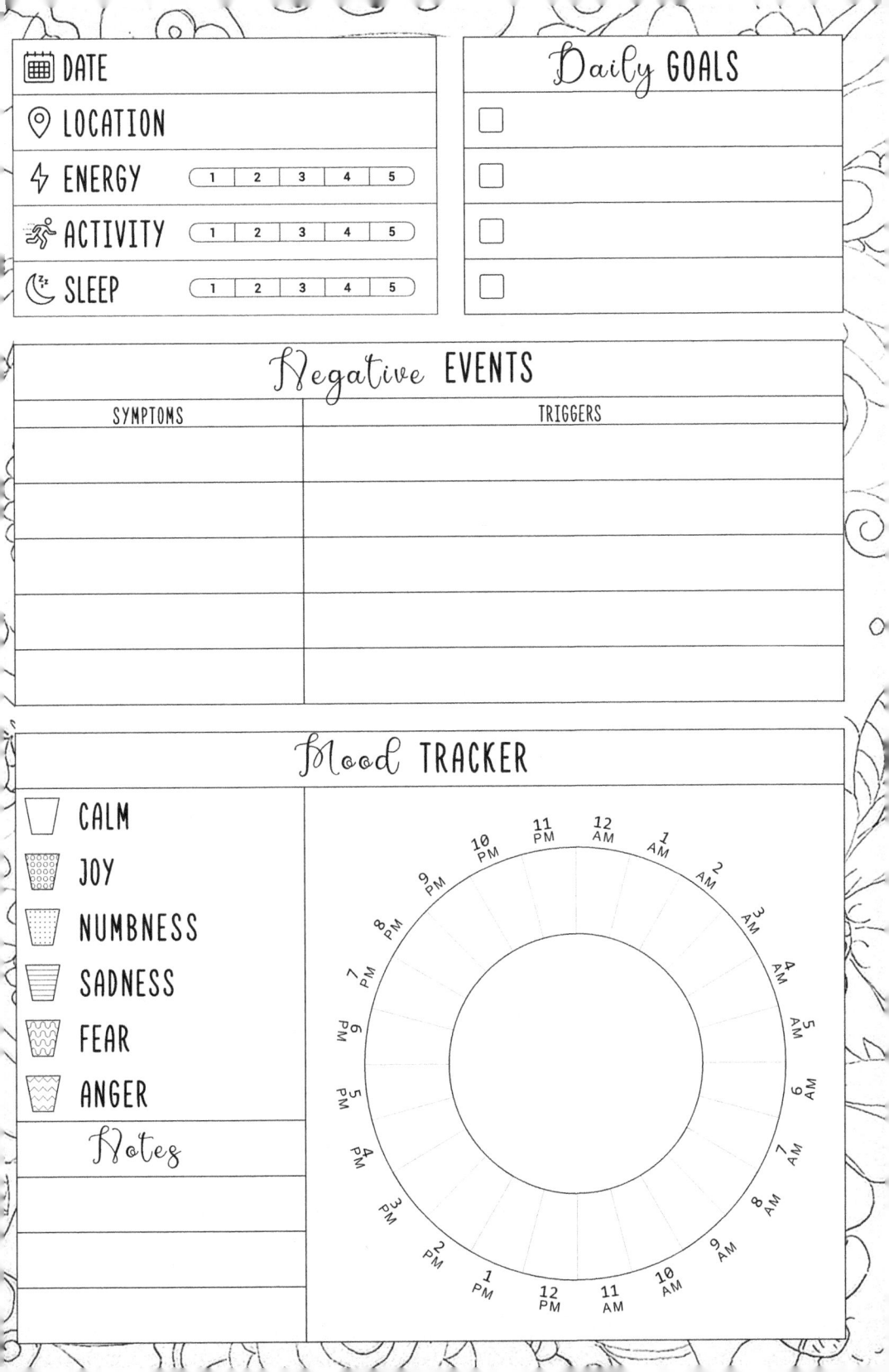

LOCATION

ENERGY | 1 | 2 | 3 | 4 | 5

ACTIVITY | 1 | 2 | 3 | 4 | 5

SLEEP | 1 | 2 | 3 | 4 | 5

Daily GOALS

- [ ]
- [ ]
- [ ]
- [ ]

Negative EVENTS

SYMPTOMS	TRIGGERS

Mood TRACKER

- CALM
- JOY
- NUMBNESS
- SADNESS
- FEAR
- ANGER

Notes

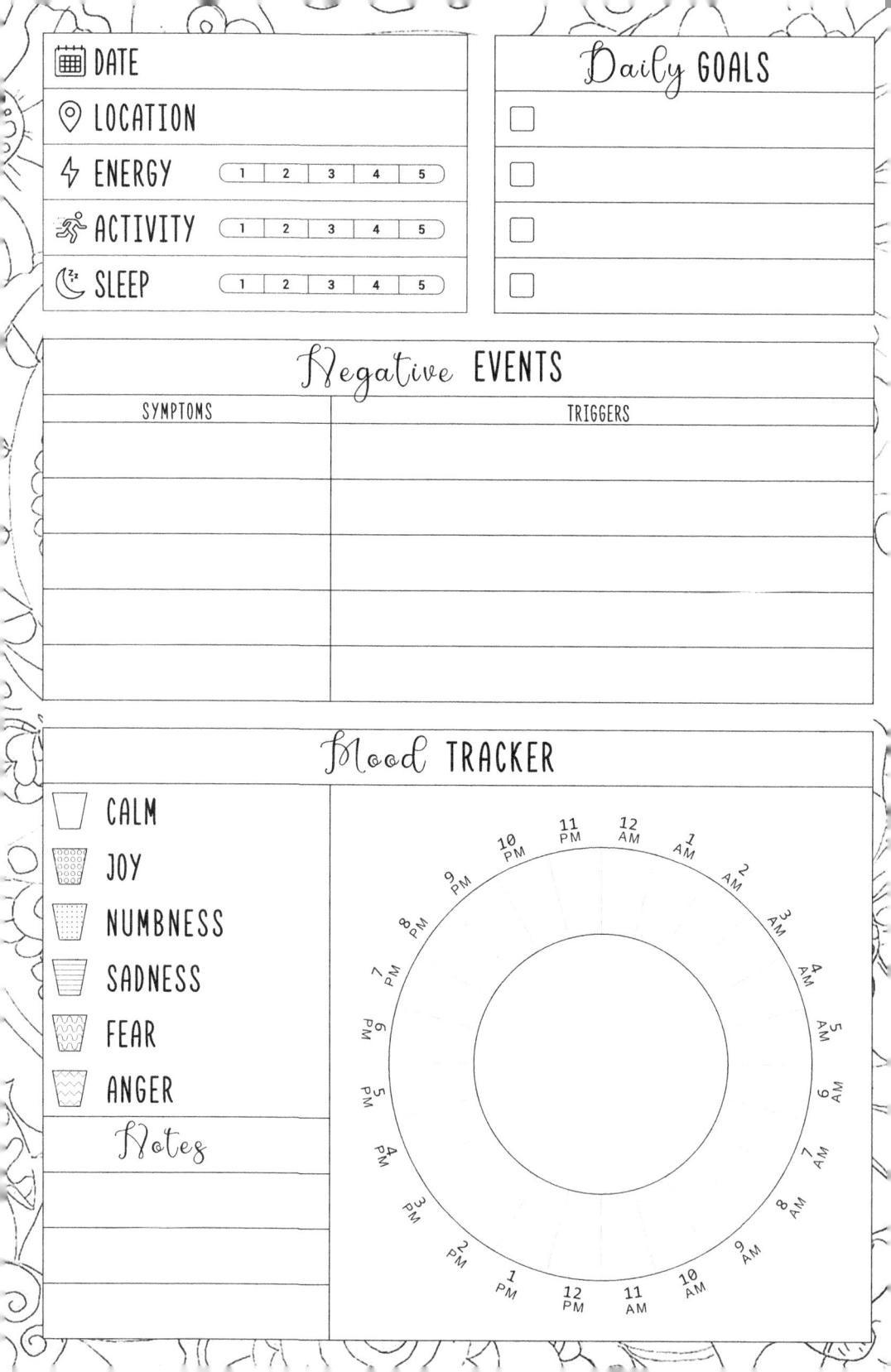

📅 DATE	
📍 LOCATION	
⚡ ENERGY	1 2 3 4 5
🏃 ACTIVITY	1 2 3 4 5
🌙 SLEEP	1 2 3 4 5

Daily GOALS

- [ ]
- [ ]
- [ ]
- [ ]

Negative EVENTS

SYMPTOMS	TRIGGERS

Mood TRACKER

- CALM
- JOY
- NUMBNESS
- SADNESS
- FEAR
- ANGER

Notes

DATE
LOCATION
ENERGY
| 1 | 2 | 3 | 4 | 5 |

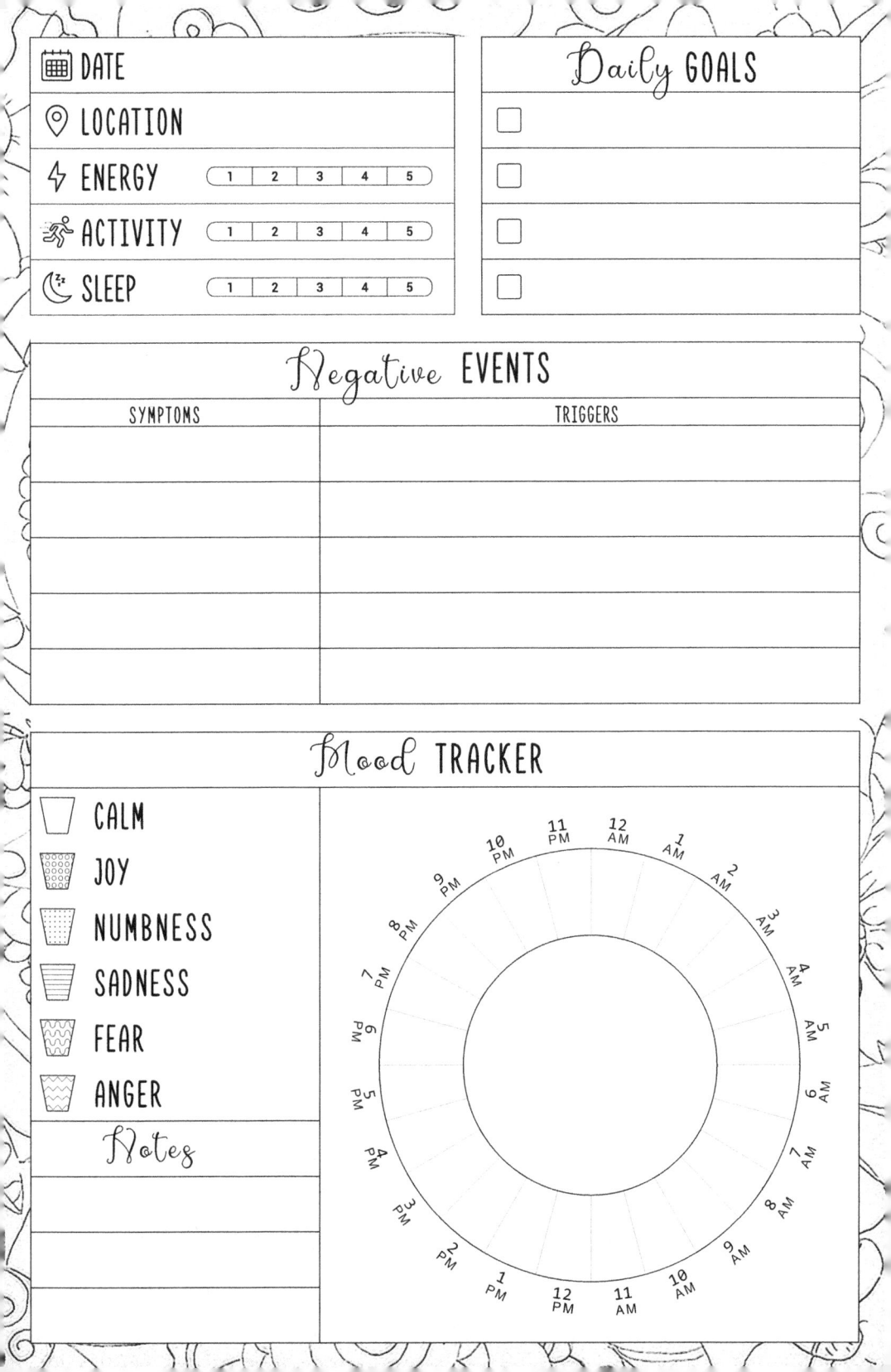

ACTIVITY
| 1 | 2 | 3 | 4 | 5 |

SLEEP
| 1 | 2 | 3 | 4 | 5 |

Daily GOALS
- ☐
- ☐
- ☐
- ☐

Negative EVENTS

SYMPTOMS	TRIGGERS

Mood TRACKER

- CALM
- JOY
- NUMBNESS
- SADNESS
- FEAR
- ANGER

Notes

Hours: 12 AM, 1 AM, 2 AM, 3 AM, 4 AM, 5 AM, 6 AM, 7 AM, 8 AM, 9 AM, 10 AM, 11 AM, 12 PM, 1 PM, 2 PM, 3 PM, 4 PM, 5 PM, 6 PM, 7 PM, 8 PM, 9 PM, 10 PM, 11 PM

DATE

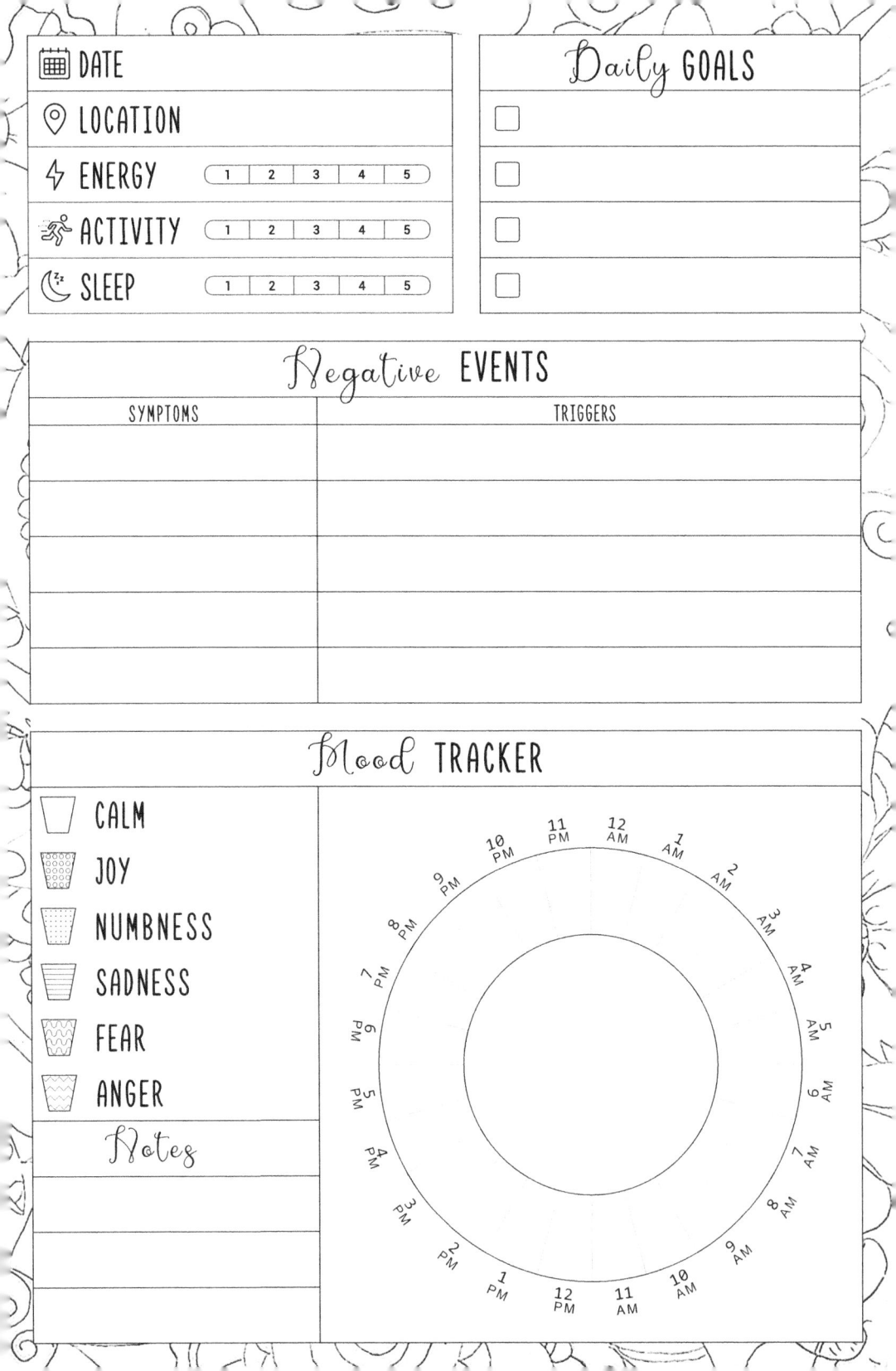

LOCATION

ENERGY
| 1 | 2 | 3 | 4 | 5 |

ACTIVITY
| 1 | 2 | 3 | 4 | 5 |

SLEEP
| 1 | 2 | 3 | 4 | 5 |

Daily GOALS
- [ ]
- [ ]
- [ ]
- [ ]

Negative EVENTS

SYMPTOMS	TRIGGERS

Mood TRACKER

- CALM
- JOY
- NUMBNESS
- SADNESS
- FEAR
- ANGER

Notes

📅 DATE	
📍 LOCATION	
⚡ ENERGY	1 2 3 4 5
🏃 ACTIVITY	1 2 3 4 5
🌙 SLEEP	1 2 3 4 5

Daily GOALS

- [ ]
- [ ]
- [ ]
- [ ]

Negative EVENTS

SYMPTOMS	TRIGGERS

Mood TRACKER

- CALM
- JOY
- NUMBNESS
- SADNESS
- FEAR
- ANGER

Notes

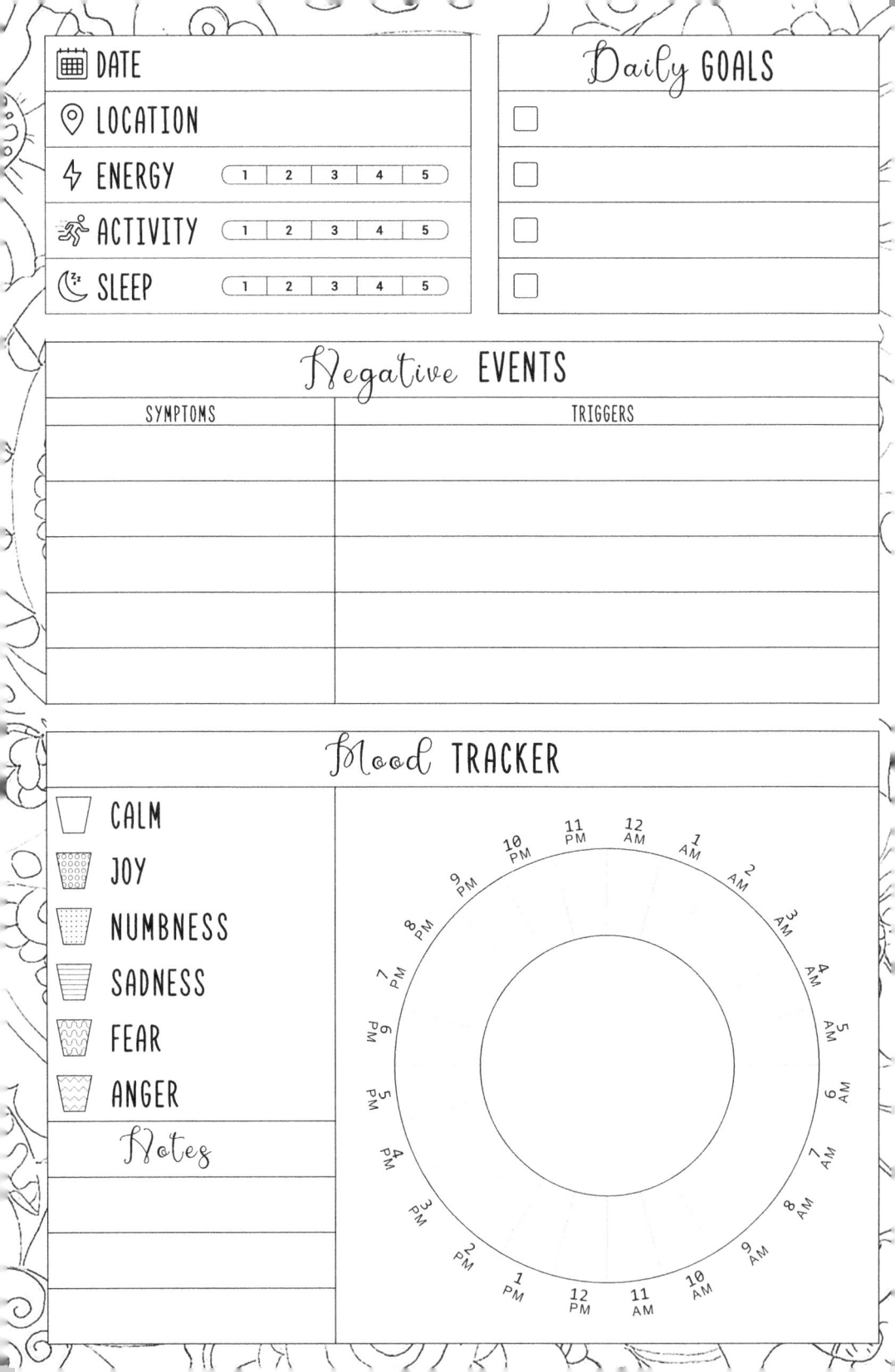

📅 DATE	
📍 LOCATION	
⚡ ENERGY	1 2 3 4 5
🏃 ACTIVITY	1 2 3 4 5
🌙 SLEEP	1 2 3 4 5

Daily GOALS

- [ ]
- [ ]
- [ ]
- [ ]

Negative EVENTS

SYMPTOMS	TRIGGERS

Mood TRACKER

- CALM
- JOY
- NUMBNESS
- SADNESS
- FEAR
- ANGER

Notes

DATE

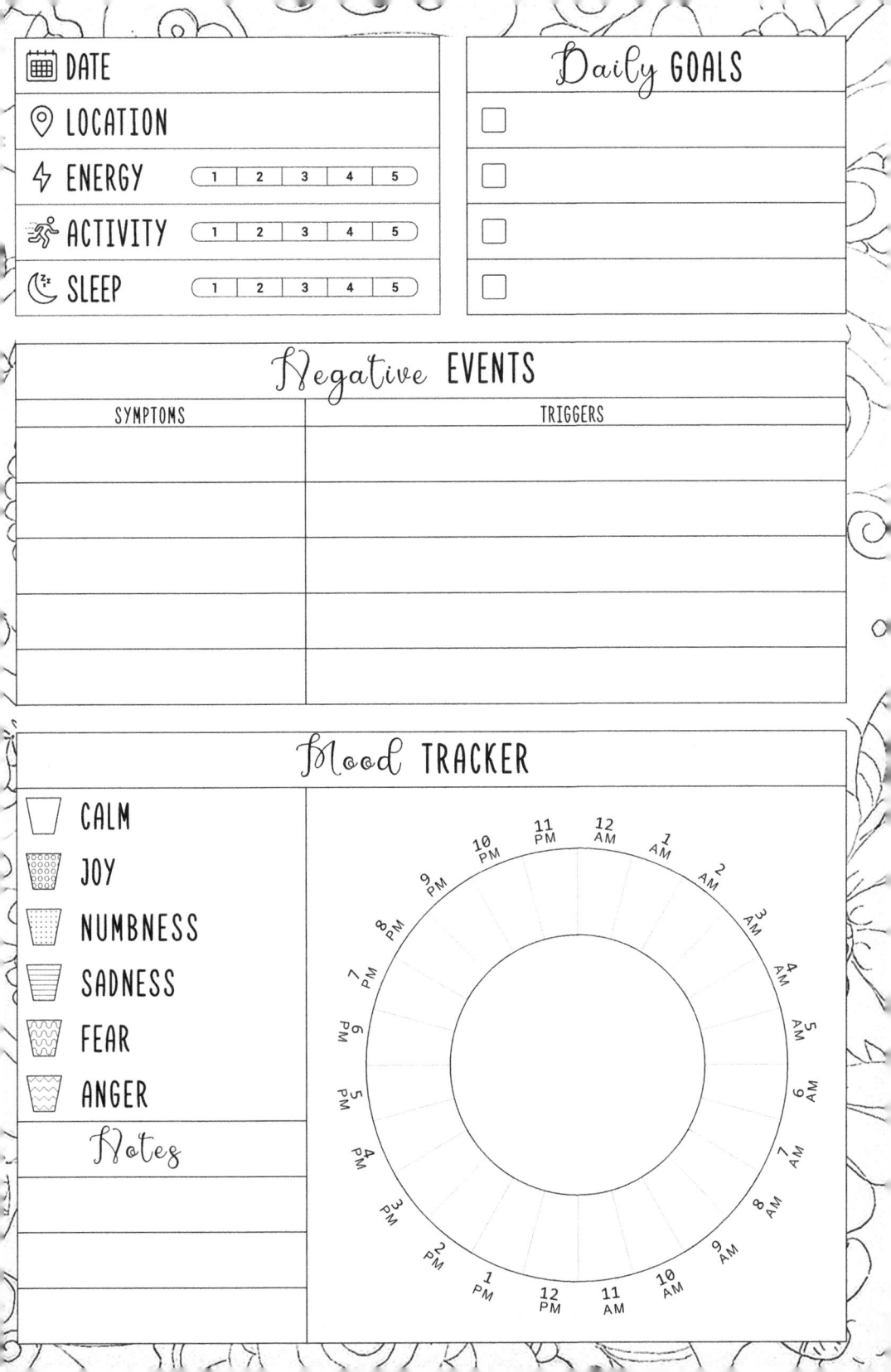

LOCATION

ENERGY 1 2 3 4 5

ACTIVITY 1 2 3 4 5

SLEEP 1 2 3 4 5

Daily GOALS

- [ ]
- [ ]
- [ ]
- [ ]

Negative EVENTS

SYMPTOMS	TRIGGERS

Mood TRACKER

- CALM
- JOY
- NUMBNESS
- SADNESS
- FEAR
- ANGER

Notes

(Clock ring labeled 12 AM through 11 PM)

Weekly TRACKER

WEEK OF:

TASK LIST	M	T	W	T	F	S	S

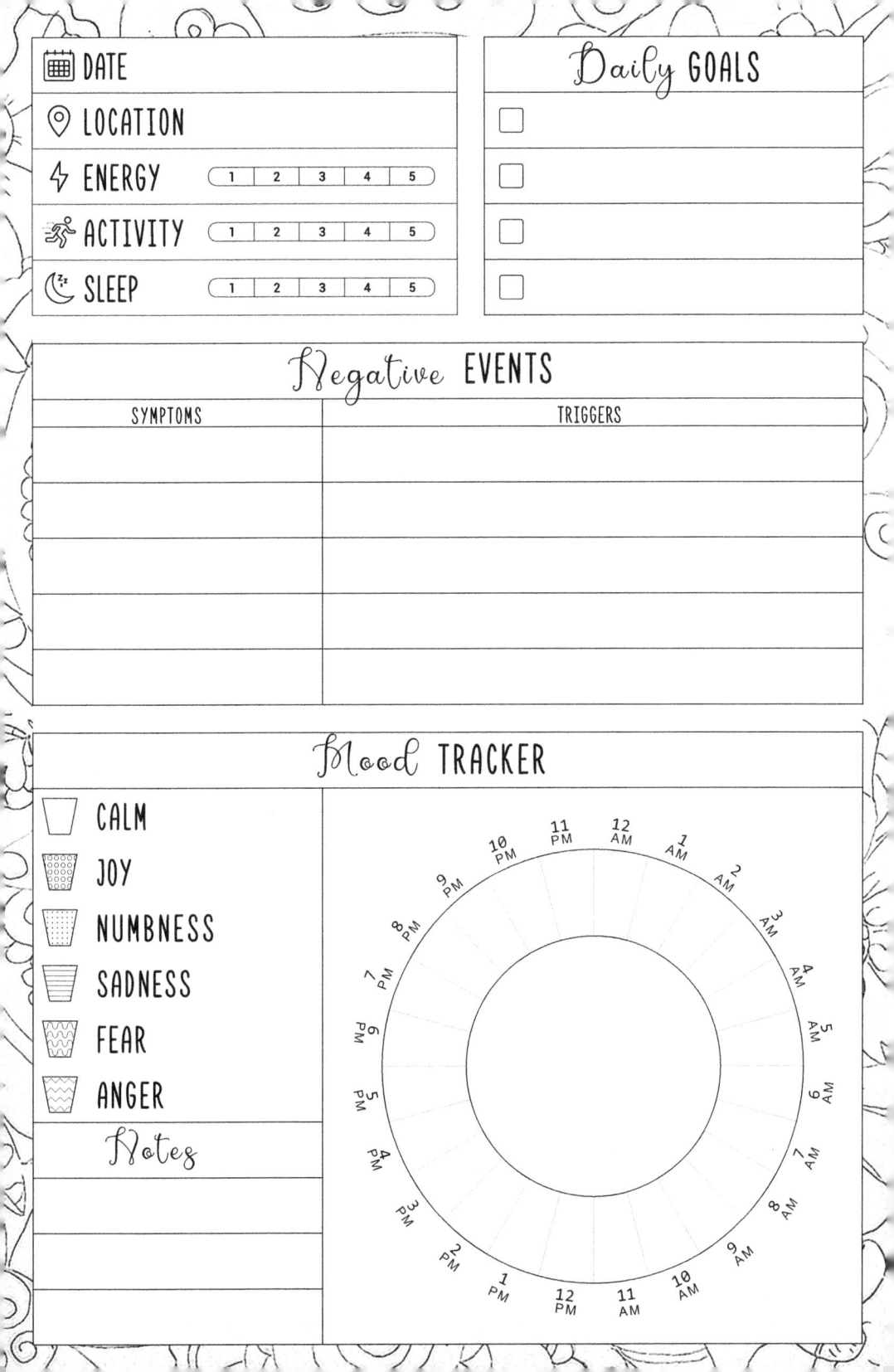

📅 DATE	
📍 LOCATION	
⚡ ENERGY	1 2 3 4 5
🏃 ACTIVITY	1 2 3 4 5
🌙 SLEEP	1 2 3 4 5

Daily GOALS

- [ ]
- [ ]
- [ ]
- [ ]

Negative EVENTS

SYMPTOMS	TRIGGERS

Mood TRACKER

- CALM
- JOY
- NUMBNESS
- SADNESS
- FEAR
- ANGER

12 AM, 1 AM, 2 AM, 3 AM, 4 AM, 5 AM, 6 AM, 7 AM, 8 AM, 9 AM, 10 AM, 11 AM, 12 PM, 1 PM, 2 PM, 3 PM, 4 PM, 5 PM, 6 PM, 7 PM, 8 PM, 9 PM, 10 PM, 11 PM

Notes

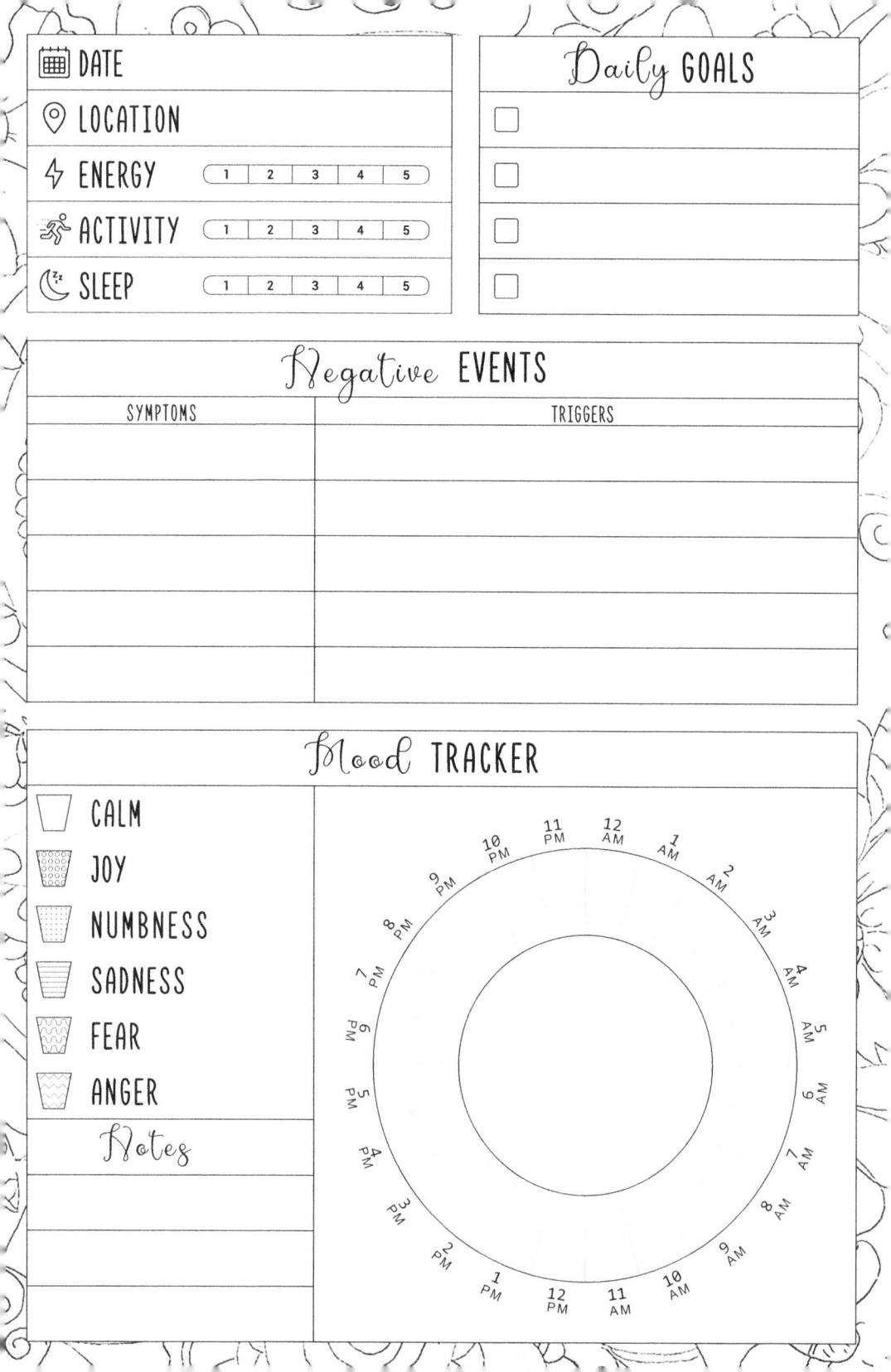

DATE
LOCATION
ENERGY | 1 | 2 | 3 | 4 | 5 |
ACTIVITY | 1 | 2 | 3 | 4 | 5 |
SLEEP | 1 | 2 | 3 | 4 | 5 |

Daily GOALS
- [ ]
- [ ]
- [ ]
- [ ]

Negative EVENTS

SYMPTOMS	TRIGGERS

Mood TRACKER

- CALM
- JOY
- NUMBNESS
- SADNESS
- FEAR
- ANGER

Notes

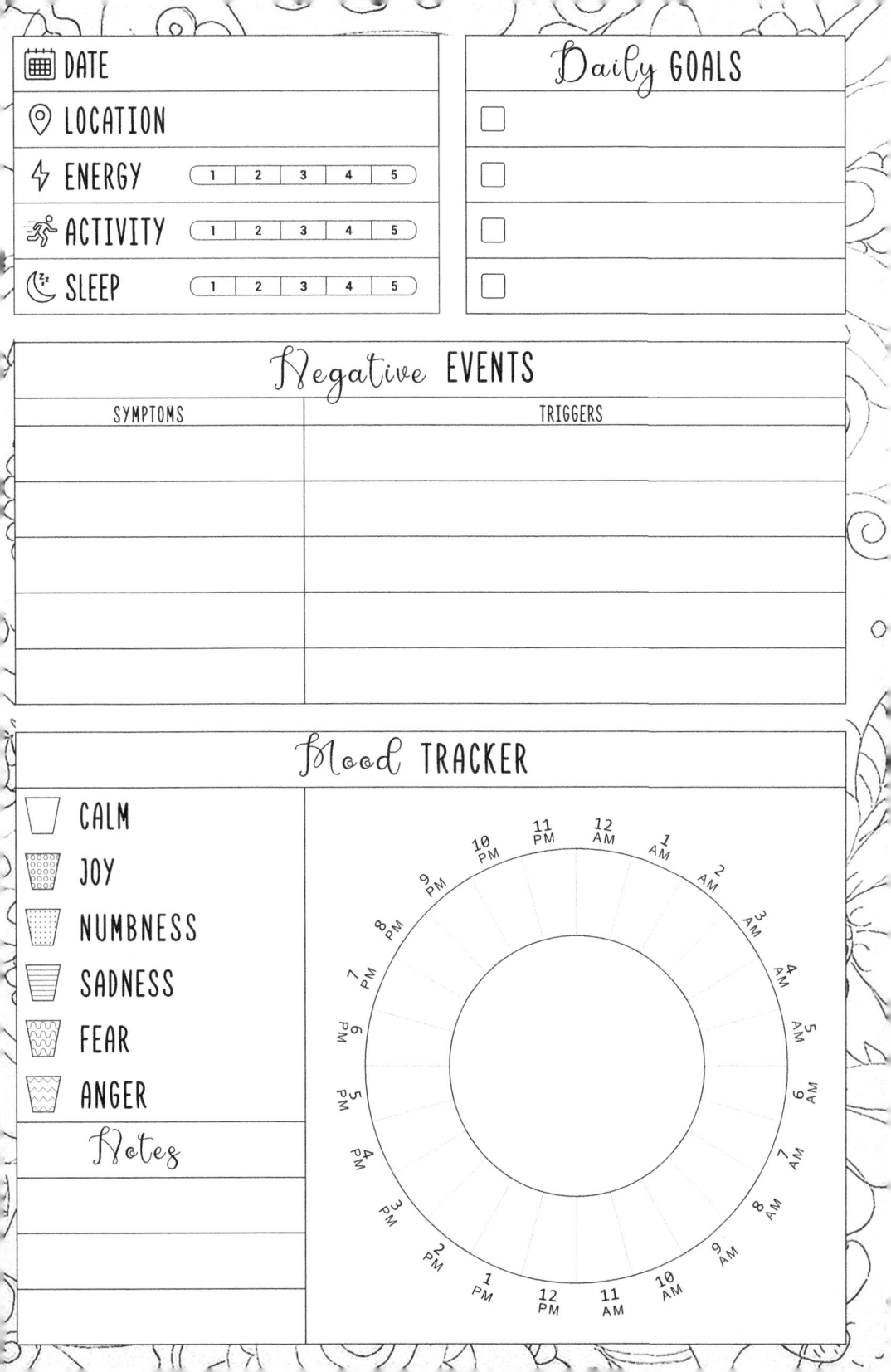

📅 DATE	
📍 LOCATION	
⚡ ENERGY	1 2 3 4 5
🏃 ACTIVITY	1 2 3 4 5
🌙 SLEEP	1 2 3 4 5

Daily GOALS

- ☐
- ☐
- ☐
- ☐

Negative EVENTS

SYMPTOMS	TRIGGERS

Mood TRACKER

- CALM
- JOY
- NUMBNESS
- SADNESS
- FEAR
- ANGER

Notes

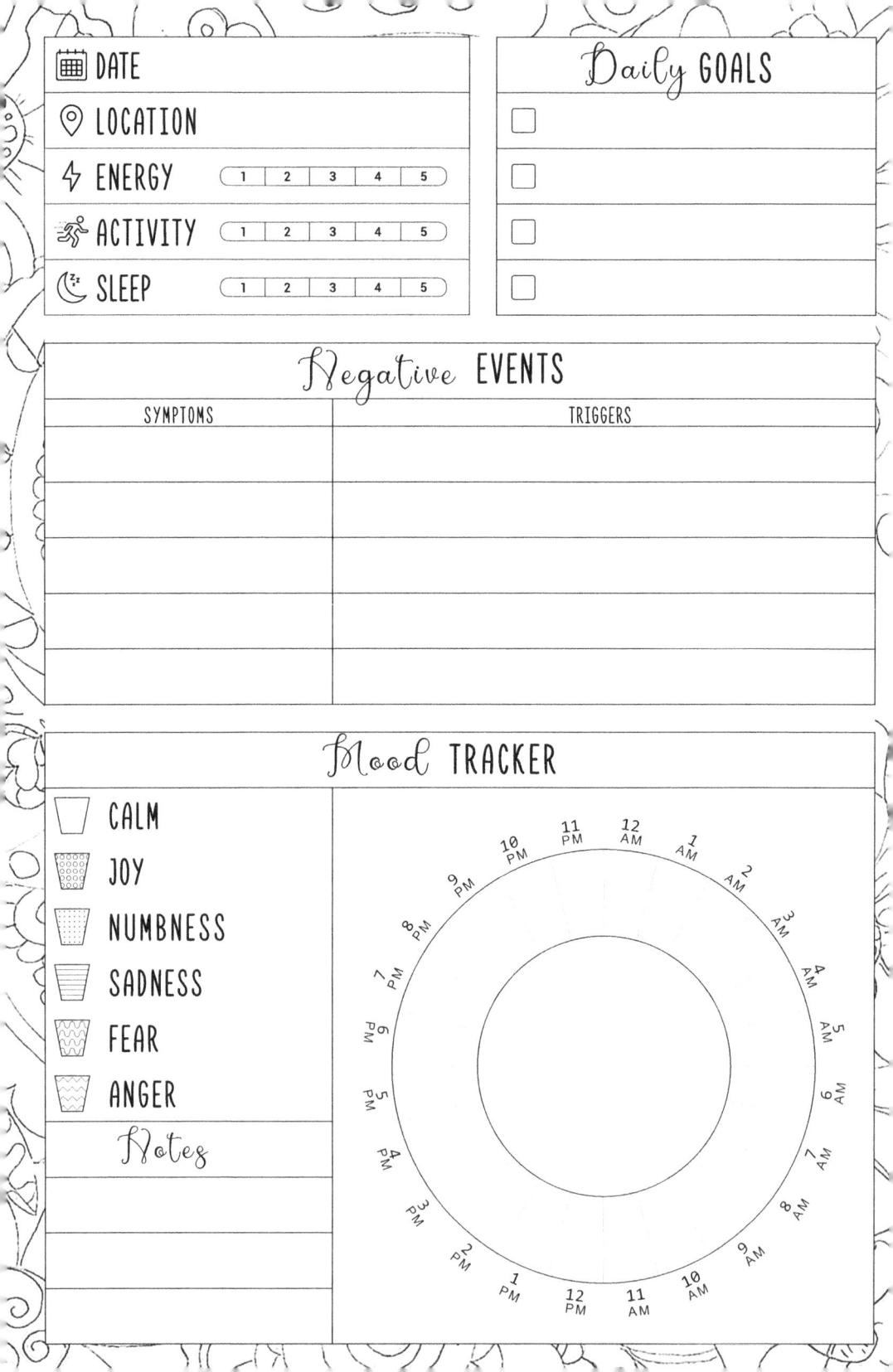

📅 DATE	
📍 LOCATION	
⚡ ENERGY	1 2 3 4 5
🏃 ACTIVITY	1 2 3 4 5
🌙 SLEEP	1 2 3 4 5

Daily GOALS

- [ ]
- [ ]
- [ ]
- [ ]

Negative EVENTS

SYMPTOMS	TRIGGERS

Mood TRACKER

- CALM
- JOY
- NUMBNESS
- SADNESS
- FEAR
- ANGER

Notes

12 AM, 1 AM, 2 AM, 3 AM, 4 AM, 5 AM, 6 AM, 7 AM, 8 AM, 9 AM, 10 AM, 11 AM, 12 PM, 1 PM, 2 PM, 3 PM, 4 PM, 5 PM, 6 PM, 7 PM, 8 PM, 9 PM, 10 PM, 11 PM

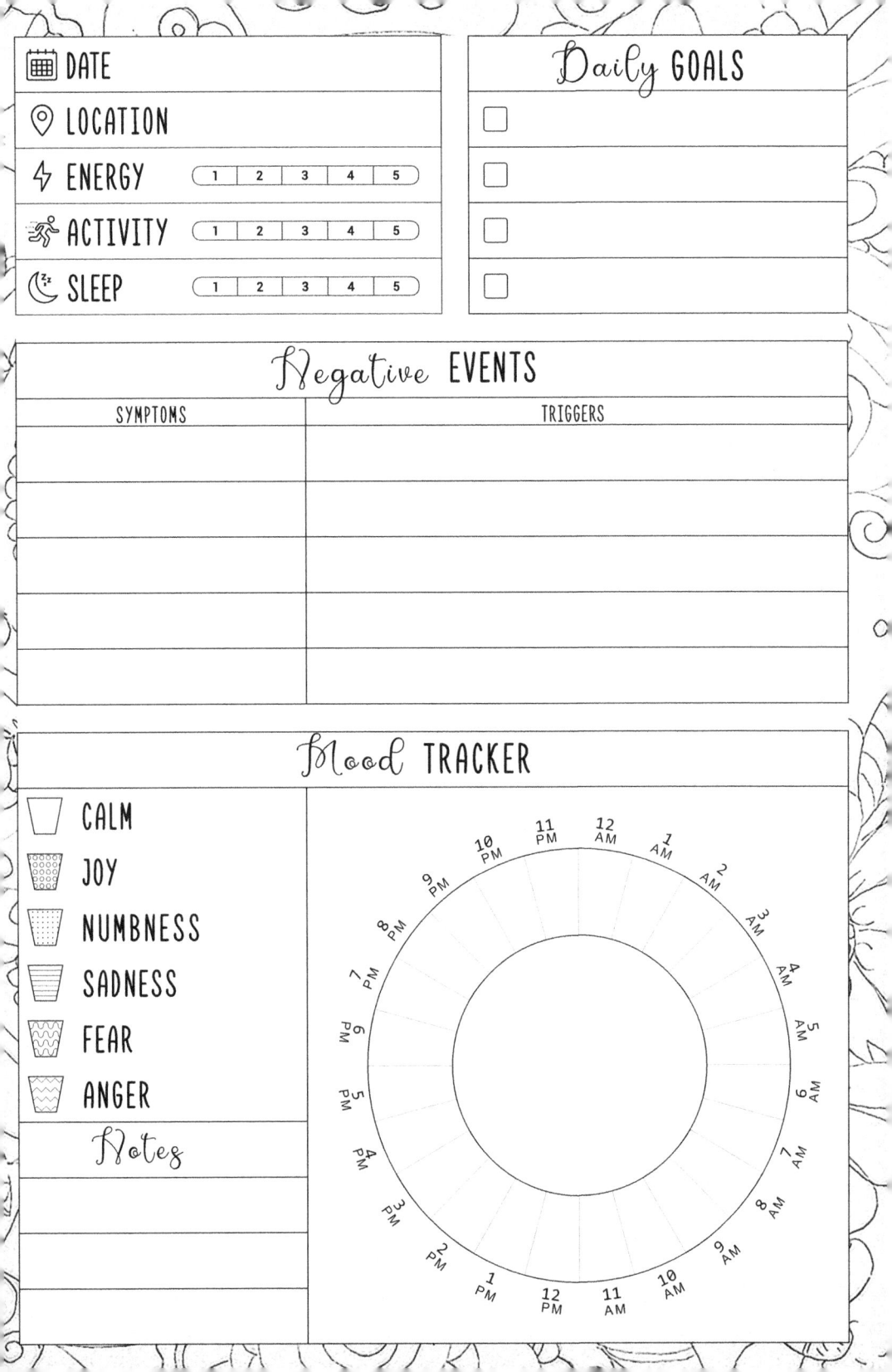

- 📅 **DATE**
- 📍 **LOCATION**
- ⚡ **ENERGY** — 1 2 3 4 5
- 🏃 **ACTIVITY** — 1 2 3 4 5
- 🌙 **SLEEP** — 1 2 3 4 5

Daily GOALS

- ☐
- ☐
- ☐
- ☐

Negative EVENTS

SYMPTOMS	TRIGGERS

Mood TRACKER

- CALM
- JOY
- NUMBNESS
- SADNESS
- FEAR
- ANGER

Notes

DATE
LOCATION
ENERGY | 1 | 2 | 3 | 4 | 5 |
ACTIVITY | 1 | 2 | 3 | 4 | 5 |
SLEEP | 1 | 2 | 3 | 4 | 5 |

Daily GOALS
- [ ]
- [ ]
- [ ]
- [ ]

Negative EVENTS

SYMPTOMS	TRIGGERS

Mood TRACKER

- CALM
- JOY
- NUMBNESS
- SADNESS
- FEAR
- ANGER

Notes

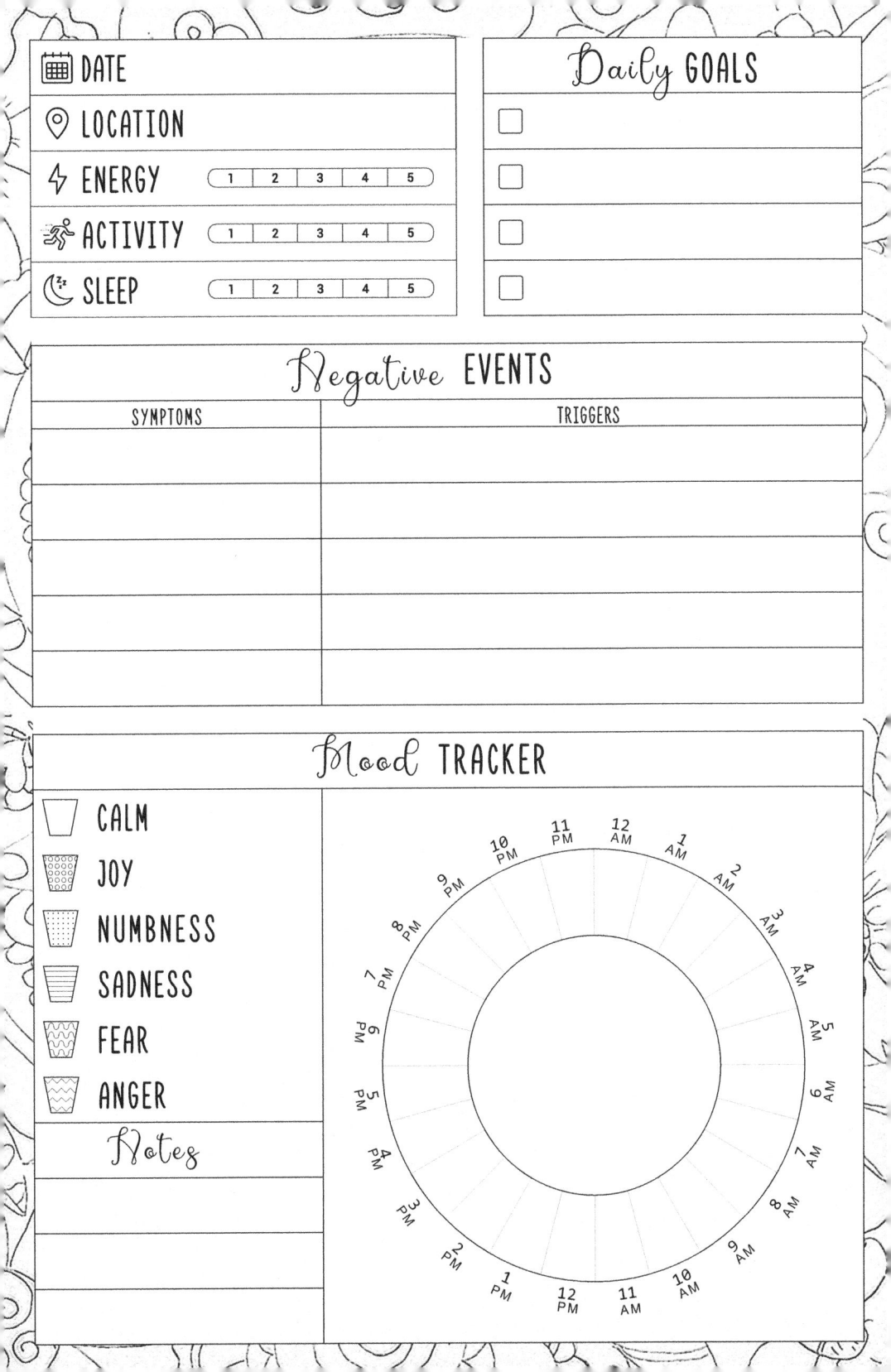

DATE
LOCATION
ENERGY | 1 | 2 | 3 | 4 | 5 |
ACTIVITY | 1 | 2 | 3 | 4 | 5 |
SLEEP | 1 | 2 | 3 | 4 | 5 |

Daily GOALS
- [ ]
- [ ]
- [ ]
- [ ]

Negative EVENTS

SYMPTOMS	TRIGGERS

Mood TRACKER

- CALM
- JOY
- NUMBNESS
- SADNESS
- FEAR
- ANGER

Notes

(Clock dial: 12 AM, 1 AM, 2 AM, 3 AM, 4 AM, 5 AM, 6 AM, 7 AM, 8 AM, 9 AM, 10 AM, 11 AM, 12 PM, 1 PM, 2 PM, 3 PM, 4 PM, 5 PM, 6 PM, 7 PM, 8 PM, 9 PM, 10 PM, 11 PM)

Weekly TRACKER

WEEK OF:

TASK LIST	M	T	W	T	F	S	S

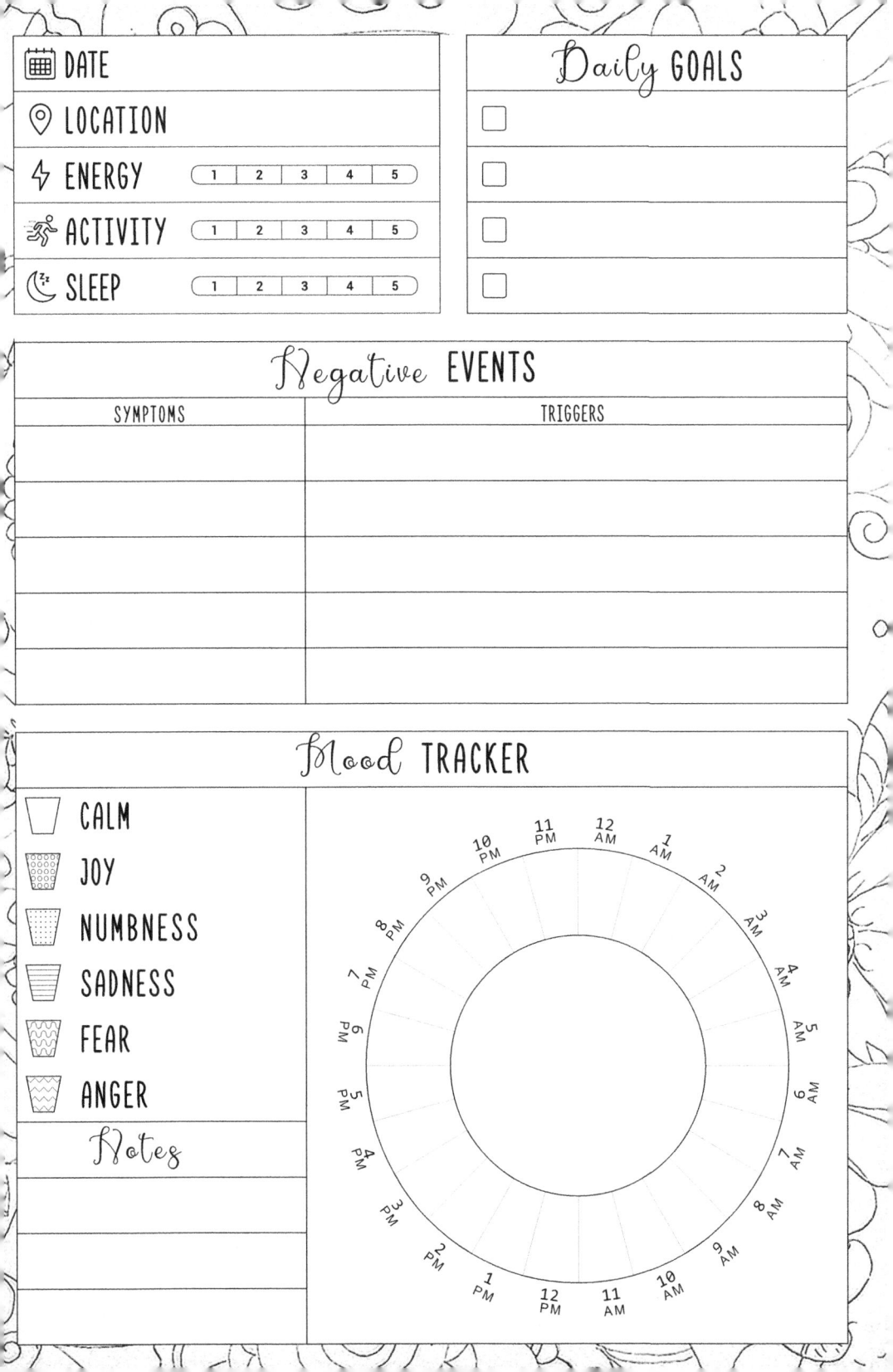

- 📅 **DATE**
- 📍 **LOCATION**
- ⚡ **ENERGY** — 1 2 3 4 5
- 🏃 **ACTIVITY** — 1 2 3 4 5
- 🌙 **SLEEP** — 1 2 3 4 5

Daily GOALS

- ☐
- ☐
- ☐
- ☐

Negative EVENTS

SYMPTOMS	TRIGGERS

Mood TRACKER

- CALM
- JOY
- NUMBNESS
- SADNESS
- FEAR
- ANGER

Notes

DATE
LOCATION
ENERGY | 1 | 2 | 3 | 4 | 5 |
ACTIVITY | 1 | 2 | 3 | 4 | 5 |
SLEEP | 1 | 2 | 3 | 4 | 5 |

Daily GOALS
- [ ]
- [ ]
- [ ]
- [ ]

Negative EVENTS

SYMPTOMS	TRIGGERS

Mood TRACKER

- CALM
- JOY
- NUMBNESS
- SADNESS
- FEAR
- ANGER

Notes

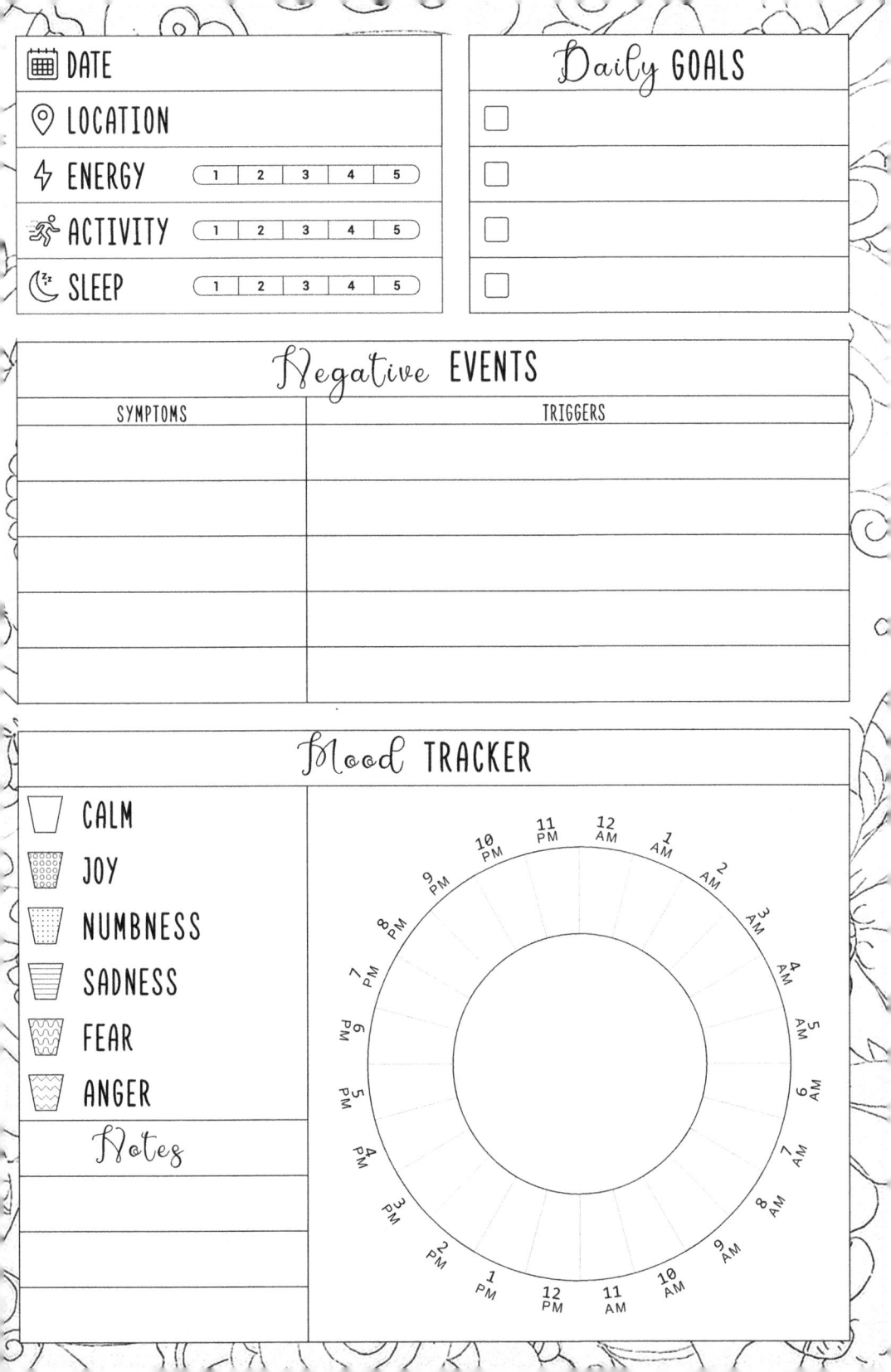

📅 DATE	
📍 LOCATION	
⚡ ENERGY	1 2 3 4 5
🏃 ACTIVITY	1 2 3 4 5
🌙 SLEEP	1 2 3 4 5

Daily GOALS

- ☐
- ☐
- ☐
- ☐

Negative EVENTS

SYMPTOMS	TRIGGERS

Mood TRACKER

- CALM
- JOY
- NUMBNESS
- SADNESS
- FEAR
- ANGER

Notes

(Clock dial: 12 AM, 1 AM, 2 AM, 3 AM, 4 AM, 5 AM, 6 AM, 7 AM, 8 AM, 9 AM, 10 AM, 11 AM, 12 PM, 1 PM, 2 PM, 3 PM, 4 PM, 5 PM, 6 PM, 7 PM, 8 PM, 9 PM, 10 PM, 11 PM)

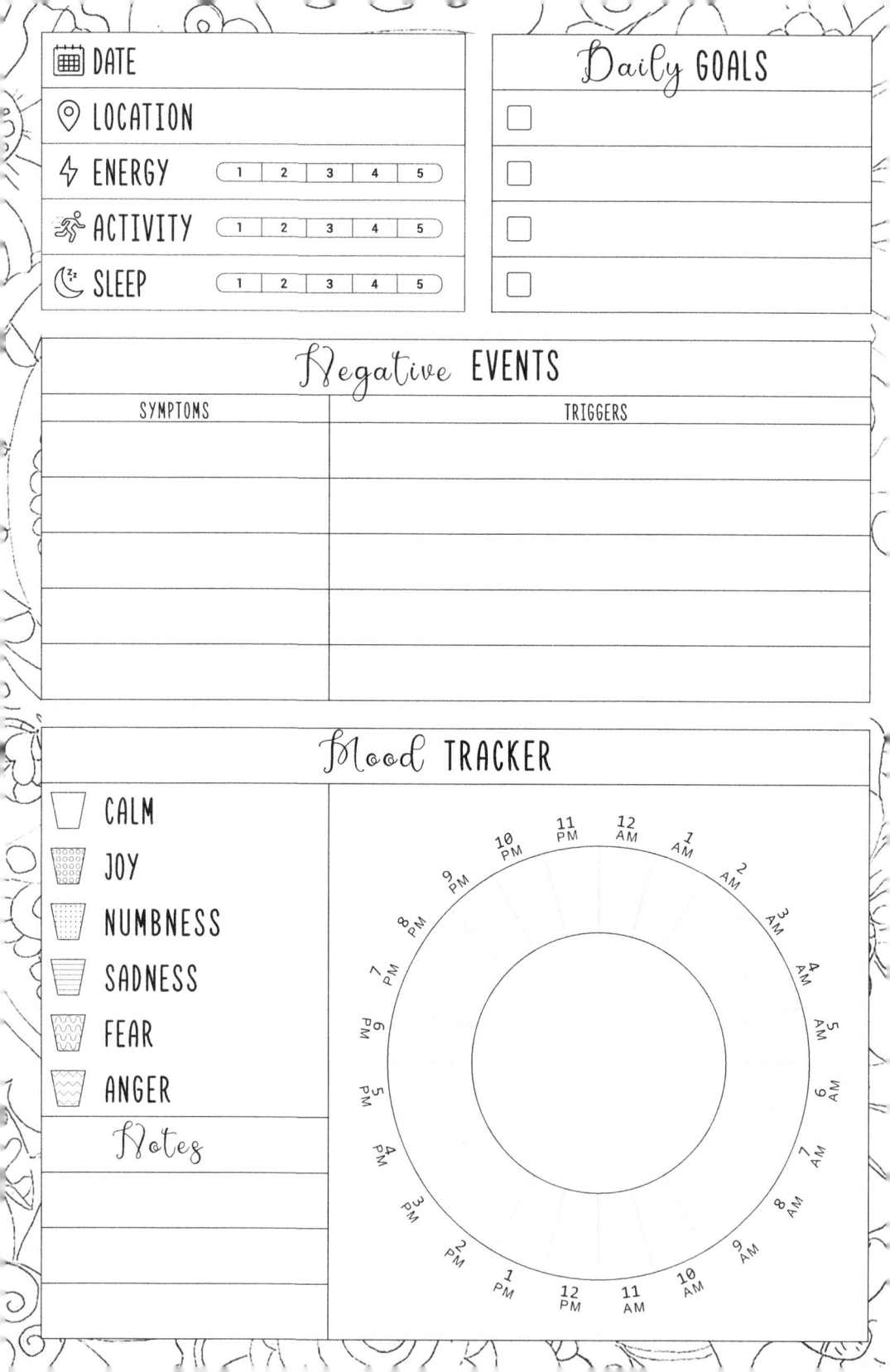

📅 DATE	
📍 LOCATION	
⚡ ENERGY	1 2 3 4 5
🏃 ACTIVITY	1 2 3 4 5
🌙 SLEEP	1 2 3 4 5

Daily GOALS

- ☐
- ☐
- ☐
- ☐

Negative EVENTS

SYMPTOMS	TRIGGERS

Mood TRACKER

- CALM
- JOY
- NUMBNESS
- SADNESS
- FEAR
- ANGER

Notes

DATE
LOCATION
ENERGY | 1 | 2 | 3 | 4 | 5
ACTIVITY | 1 | 2 | 3 | 4 | 5
SLEEP | 1 | 2 | 3 | 4 | 5

Daily GOALS

- [ ]
- [ ]
- [ ]
- [ ]

Negative EVENTS

SYMPTOMS	TRIGGERS

Mood TRACKER

- CALM
- JOY
- NUMBNESS
- SADNESS
- FEAR
- ANGER

Notes

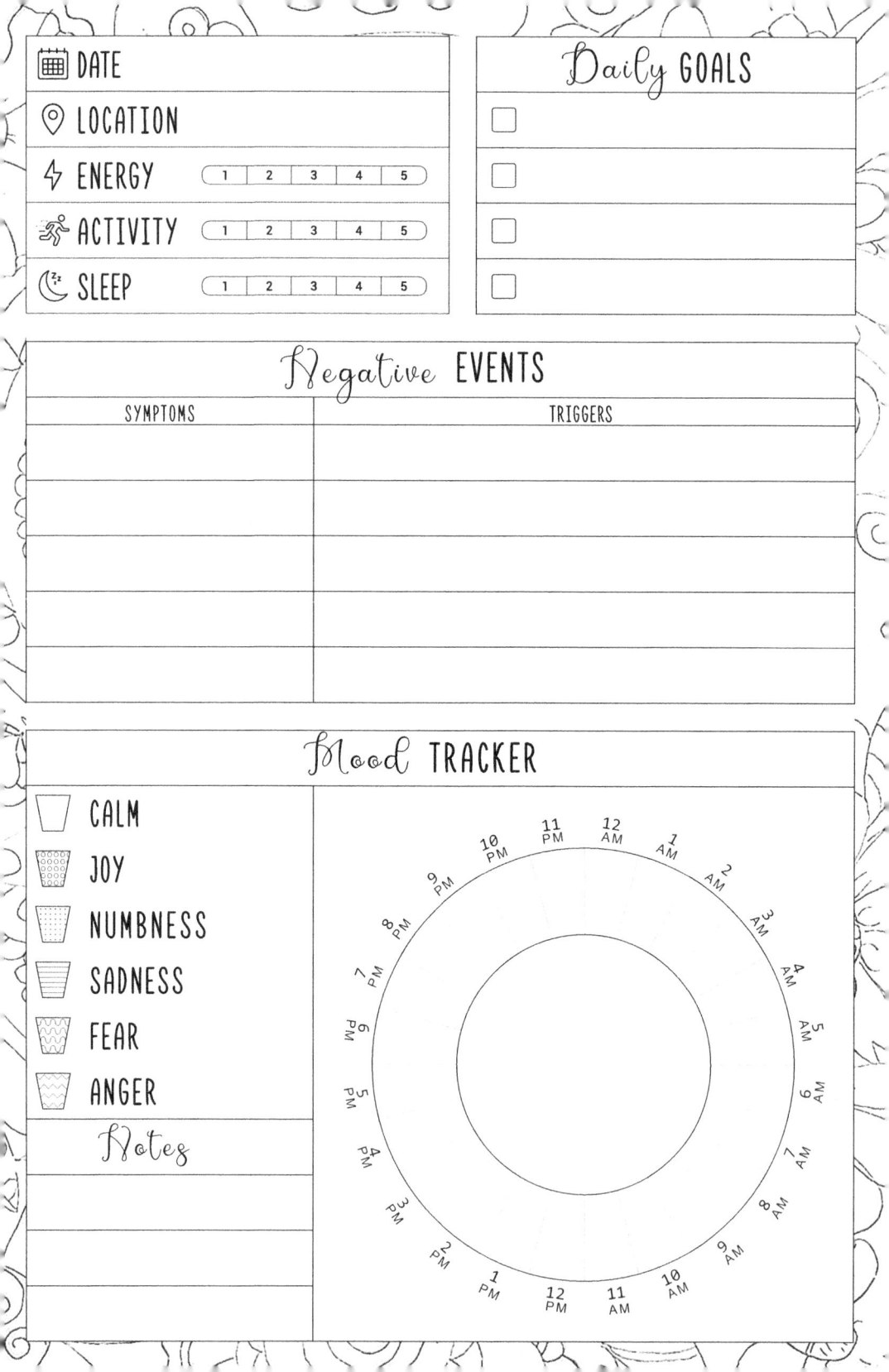

DATE
LOCATION
ENERGY | 1 | 2 | 3 | 4 | 5 |
ACTIVITY | 1 | 2 | 3 | 4 | 5 |
SLEEP | 1 | 2 | 3 | 4 | 5 |

Daily GOALS
- [ ]
- [ ]
- [ ]
- [ ]

Negative EVENTS

SYMPTOMS	TRIGGERS

Mood TRACKER

- CALM
- JOY
- NUMBNESS
- SADNESS
- FEAR
- ANGER

Notes

DATE

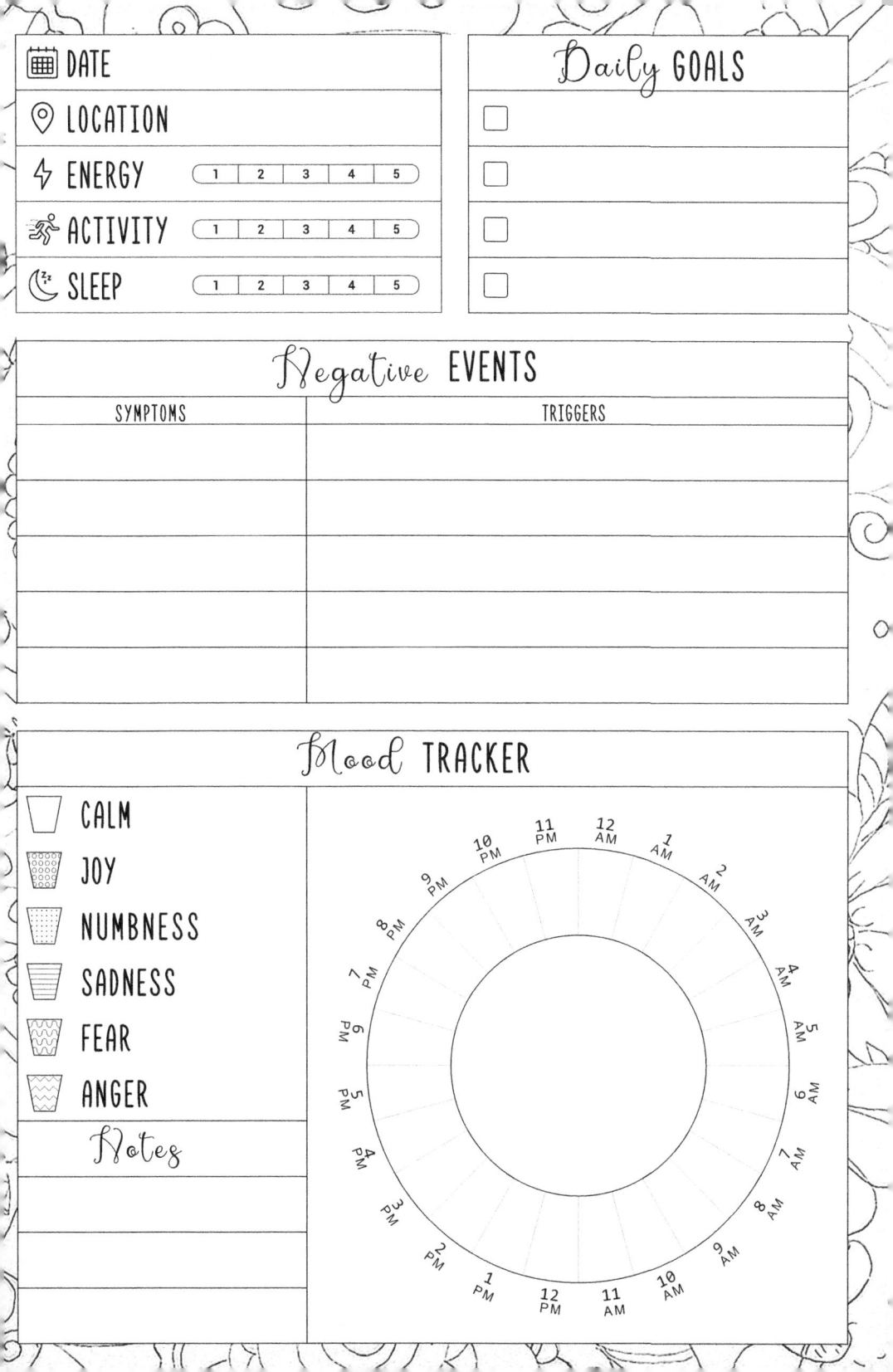

LOCATION

ENERGY   1 2 3 4 5

ACTIVITY   1 2 3 4 5

SLEEP   1 2 3 4 5

Daily GOALS

- [ ]
- [ ]
- [ ]
- [ ]

Negative EVENTS

SYMPTOMS	TRIGGERS

Mood TRACKER

- CALM
- JOY
- NUMBNESS
- SADNESS
- FEAR
- ANGER

Notes

Weekly Tracker

WEEK OF:

TASK LIST	M	T	W	T	F	S	S

Month IN REVIEW

MONTH OF:

Progress I HAVE MADE THIS MONTH

What DID I MISS? How I CAN DO BETTER NEXT MONTH?

Day 1									
Day 2									
Day 3									
Day 4									
Day 5									
Day 6									
Day 7									
Day 8									
Day 9									
Day 10									
Day 11									
Day 12									
Day 13									
Day 14									
Day 15									
Day 16									
Day 17									
Day 18									
Day 19									
Day 20									
Day 21									
Day 22									
Day 23									
Day 24									
Day 25									
Day 26									
Day 27									
Day 28									
Day 29									
Day 30									